피타고라스,
수의 세계를 열다

피타고라스
수의 세계를 열다

안지은 글 | 이광익 그림 | 백석윤 감수

차례

1장 티격태격 남매, 피타고라스를 만나다 … 6

엄마와의 약속 … 8
내 딱지 내놔! … 12
엄마의 수수께끼 … 16

2장 피타고라스, 세상을 탐험하다 … 20

피타고라스의 여행 … 22
피타고라스의 도시, 피타고리온 … 29
다시 고향을 떠나는 피타고라스 … 32
피타고라스 학파 … 38

3장 피타고라스, 수를 탐험하다 … 44

수로 이루어진 세상 … 46
직각을 만들어라 … 56
피타고라스의 정리 … 62
여러 가지 수 … 69
테트락티스 … 77

4장 피타고라스처럼 사이좋게! … 80

사이좋은 피타고라스 학파 … 82
피타고라스의 선물 … 88

똑똑 공부 도형의 세계를 열다 … 93

감수자의 말 … 106

1장

티격태격 남매, 피타고라스를 만나다

엄마와의 약속

"석주야, 슬기야! 딱지 사 주면 사이좋게 지낸다고 한 거 기억하지?"

엄마 손에 들린 딱지 상자를 보는 순간, 석주는 입꼬리가 귀에 걸렸어요. 슬기는 오호호, 웃음소리가 절로 났고요.

석주와 슬기는 한 살 차이 남매예요. 석주가 오빠고, 슬기가 동생이지요. 둘은 날마다 옥신각신해요.

슬기는 석주가 오빠처럼 굴기는커녕 늘상 못살게 괴롭힌다고 불만이 가득했어요. 슬기 베개 속에 고린내 나는 양말을 넣어 둔 적도 있고, 신발 밑창에 양면테이프를 덕지덕지 붙여 놔서 옴짝달싹 못 하게 만든 적도 있었지요.

석주 역시 여동생 슬기가 맘에 안 들기는 마찬가지였어요. 왈가닥에다가 오빠 대접은커녕 조그만 일에도 큰 소리로 바락바락 대들기 일쑤였거든요. 또 일만 있다 하면, 엄마한테 쪼르르 달려가 얼마나 잘 이르는지……. 지난번에 말 안 하고 자기 지우개를 썼다고 엄마한테 일러서 된통 혼난 적도 있었죠.

  그러니 둘은 하루에도 몇 번씩 으르렁거리며 싸웠어요. 보다 못한 엄마가 도대체 언제까지 싸울 거냐고 버럭 화를 냈어요. 그러자 둘은 엄마한테 딱지만 사 주면 앞으로 사이좋게 지내겠다고 약속했지요. 그리고 드디어 오늘, 엄마가 딱지를 사 주었죠!

  "하나, 둘, 셋, 넷, 다섯, 여섯, 일곱, 여덟……."

  엄마가 딱지 상자에서 딱지를 꺼내 탁자 위에 놓을 때마다 슬기와 석주는 고개를 끄덕대며 함께 수를 세었어요.

  "……아홉, 열! 자, 이만큼."

  엄마는 딱지 상자를 딱 닫았어요.

  "애걔, 이게 다예요? 더 주세요!"

  석주와 슬기가 조르는데, 엄마가 대답했어요.

"이거 둘이 나눠 가져."

"예? 더군다나 나눠 가지라고요? 말도 안 돼요."

석주와 슬기한테서 볼멘소리가 터져 나왔어요.

"싫음 말든가."

엄마는 꺼내 놓은 딱지를 상자에 도로 넣으려는 듯 손을 뻗었어요.

"아니에요, 아니에요. 나눠 가질게요."

석주가 탁자에 놓인 딱지들을 손으로 어림잡아 뚝 갈라 가져갔어요. 그러면서 나머지 딱지를 슬기 앞으로 슬쩍 밀었어요.

"슬기야, 내가 반 가진다. 네가 나머지 가져."

"열 개를 반으로 나누면 다섯 개씩이네."

$$10 \div 2 = 5$$

슬기는 자기 앞으로 놓인 딱지를 하나하나 세었어요.

"하나, 둘, 셋, 넷. 어?"

웬걸요. 네 개뿐이었어요. 슬기는 석주를 쏘아보았어요.

"아, 미안, 미안!"

석주는 능글맞게 웃으면서 딱지 하나를 슬기에게 툭 던졌어요. 슬기는 자기를 속여 먹으려던 석주가 무척 얄미웠어요.

"너희들, 안 싸우고 사이좋게 잘 지내면 딱지 더 줄게."
"정말요?"
"대신 싸우면 뺏을 거고."
"사이좋게 지낼게요. 꼭이요, 꼭!"

석주가 자신만만하게 대답했어요. 하지만 슬기는 조금 겁이 났어요. 하루가 멀다 하고 오빠랑 다투는데 가능할까 싶었거든요.

사이좋게 지내면 앞으로 딱지는 계속 늘어나겠죠? 싸우면 뺏길 거고요. 자, 앞으로 둘은 어떻게 될까요?

내 딱지 내놔!

"야호, 내 딱지다!"

학교에서 영석이가 어느새 다가와 책상 위에 펼쳐 놓은 슬기의 딱지에 날름 손을 뻗었어요. 슬기가 황급히 딱지를 감추었지만 이미 하나를 가져가 버린 뒤였죠.

"내놔!"

슬기가 소리쳤어요.

"석주 형이 내 딱지 뺏어 갔어. 내놓으라고 했더니 너한테 받으라던데."

영석이는 얄밉게 혀를 쏙 내밀고는 쏜살같이 교실 밖으로 달려 나갔어요. 슬기가 후다닥 뒤쫓아 갔지만, 이미 어디른가 사라져 버렸어요.

'으으, 윤석주, 두고 보자. 자기가 돌려줘야 할 딱지를 나한테 미루다니……. 이번엔 정말 못 참아!'

영석이보다도 석주한테 화가 나서 슬기의 얼굴은 붉으락푸르락 달아올랐어요. 슬기는 남은 딱지 네 개를 꽉 움켜쥐었어요.

학교를 마치고 슬기가 쾅, 문을 발로 차며 집으로 들어섰어요.

"윤석주, 나와!"

석주는 텔리비전 만화 영화를 보고 있었어요. 슬기의 눈에 석주 옆에 놓인 딱지 여섯 개가 들어왔어요. 슬기는 석주 딱지를 냅다 발로 밟았어요.

"너, 지금 뭐 하는 거야?"

만화 영화를 보던 석주가 그제야 슬기를 쳐다보았어요.

"오빠가 영석이 딱지 뺏었다며?"

"쳇, 그렇게 말해?"

"오빠한테 딱지 뺏겼다고, 내 딱지 뺏어 갔단 말이야!"

"무슨 소리야? 나, 뺏은 거 아냐. 영석이랑 게임해서 딴 거란 말야."

석주의 당당하고 태연한 표정을 보니까, 거짓말하는 것 같진 않았어요.

'혹시 내가 영석이에게 속은 건가? 아니야, 아니야. 저런 천사 같은 표정으로 나를 속인 적이 한두 번이 아니었어.'

슬기는 이내 고개를 저었어요.

"거짓말 마. 영석이가 나한테 똑똑히 이야기했어. 오빠가 나한테서 받아 가라고 했다며?"
"이히히! 야, 속은 거네. 뺏긴 네가 바보지. 에헤헤!"
석주의 웃음소리를 들으니 슬기는 더 약이 올랐어요.
"에잇!"
슬기는 석주의 딱지 하나를 무작정 손으로 잡아챘어요.
"무슨 짓이야! 내 거야, 내 거."
석주가 슬기의 손을 붙잡고 고래고래 고함을 쳤어요.
"거짓말하지 마. 하나는 내 거라고!"
슬기가 석주의 팔을 꽉 꼬집자, 석주가 슬기의 머리카락을 잡아당겼어요.
"꺅!"
"으악!"
둘은 데굴데굴 구르며 싸움박질을 시작했어요. 엄마와의 약속은 까맣게 잊은 채 말이에요.

엄마의 수수께끼

"둘 다 딱지 내놔. 모두 압수할 거야, 압수!"

한참을 뒤엉켜 싸우는데, 엄마의 불호령이 떨어졌어요.

둘은 하는 수 없이 엄마에게 딱지를 내놓았어요. 석주는 여섯, 슬기는 넷. 엄마는 딱지를 받아들고는 둘을 번갈아 바라보며 말했어요.

"얼른 화해해!"

하지만 석주와 슬기, 둘 다 입을 삐죽거리며 씩씩 콧바람만 내뿜었어요.

'어떻게 얻은 딱지인데, 압수라니……. 이게 다 슬기 때문이야, 씨!'

석주는 뱁새눈이 되어 슬기를 째려보았어요. 슬기도 질세라 눈을 부릅뜨고 석주를 노려보았지요.

이런 둘을 보니 엄마는 더욱 화가 났어요.

"딱지 사 주면 사이좋게 지낸다더니, 하루도 안 돼서 싸우고, 화해할 생각도 안 하고……. 엄마가 너희를 어떻게 믿니?"

엄마는 딱지도 놓아둔 채 벌떡 일어나 문을 쾅 닫고 방으로 들어가 버렸어요.

정말 엄마는 화가 단단히 난 듯했어요. 석주와 슬기는 이러지도 저러지도 못한 채 딱지를 앞에 두고 꿇어앉아 엄마가 다시 나오기만을 기다렸어요. 슬기는 눈물이 그렁그렁했고, 석주는 콧물을 훌쩍거렸지요. 한참이 지나 엄마가 방문을 열고 나왔어요.

"너희들 딱지 다시 가지고 싶어?"

"네."

둘은 한목소리로 대답했어요. 그러자 엄마는 슬기와 석주의 딱지를 양쪽 손에 나눠 들고 말했어요.

"석주는 여섯, 슬기는 넷. 오, 마침 삼각수와 사각수네."

"네, 무슨 수요?"

"삼각수와 사각수. 삼각수와 사각수가 뭔지 알아맞히면, 딱지 돌려주는 거 생각해 볼게."

"정말요?"

한 줄기 빛이 보이는 것 같았어요.

엄마는 수학 선생님이에요. 가끔 석주와 슬기에게 수수께끼를 내고 문제를 풀면 상을 주곤 해요. 이번에도 엄마의 수수께끼를 풀어야 해요. 딱지가 달린 문제인걸요. 하지만 삼각수가 뭔지, 사각수가 뭔지 도통 알 수가 없었어요. 그때 슬기가 입을 열었어요.

"엄마, 맨 처음 누가 삼각수, 사각수라고 불렀어요?"

"야, 그건 왜?"

석주가 슬기에게 참견을 했어요.

"오빠, 생각해 봐. 삼각수, 사각수라고 처음 부른 사람이 있을 거 아냐. 누가 맨 처음 그렇게 불렀는지 알면, 삼각수와 사각수가 뭔지 좀 쉽게 알아낼 수 있지 않겠어?"

슬기의 대답에 석주는 가만히 고개를 끄덕였어요.

"그 정도는 힌트로 알려 주실 수 있죠? 제발요!"

석주와 슬기는 엄마의 입을 뚫어져라 쳐다보았어요. 잠시 후 엄마는 또박또박 그 사람 이름을 말해 주었어요.
"피타고라스."
석주와 슬기는 이름을 듣고는 더 골치가 아팠어요. 삐딱고라스? 삐쩍고라스? 무슨 공룡 이름 같기도 하고 말이죠. 하지만 딱지를 다시 얻으려면, 피타고라스가 누군지 알아야 했어요.

2장
피타고라스, 세상을 탐험하다

피타고라스의 여행

피타고라스는 기원전 582년쯤, 지금으로부터 약 2천6백 년 전에 태어난 사람이에요. 그리스의 작은 섬 사모스에서 태어났지요. 피타고라스가 태어났을 때 그리스는 최고로 번창하던 시기였어요.

피타고라스는 어려서부터 음악이나 수학에 재능이 많았어요. 운동도 좋아해서 올림픽 경기에 나가 권투와 판크라티온(레슬링과 권투를 결합한 것과 비슷한, 고대 그리스의 운

동 경기) 종목에서 우승을 차지한 적도 있었지요.

  피타고라스의 아버지는 상인이었기 때문에, 장사를 하러 근처 나라들을 돌아다닐 일이 많았어요. 피타고라스는 아버지를 따라 이집트, 그리스, 이탈리아 같은 지역을 돌아다니며 다양한 경험을 할 수 있었어요.

  그러던 중 피타고라스는 사모스 섬이 속한 이오니아 지방에서 당시 유명한 선생님이었던 탈레스에게 수학과 천문학을 배웠어요. 탈레스는 피타고라스의 뛰어난 실력을 알아보고 친절하게 공부를 가르쳐 주었답니다. 그리고 피타고라스에게 이집트에 가서 공부하라고 권했지요. 당시 이집트는 학문이 발달한 나라였거든요.

피타고라스의 스승, 탈레스

탈레스는 기원전 624년쯤에 그리스의 밀레투스라는 작은 도시에서 태어났어요. 당시에 사람들은 생활에서 일어나는 여러 자연 현상이 신의 뜻이라고 생각했어요. 하지만 탈레스는 '정말 그럴까?' 의문을 품고 탐구해 나갔지요.

젊은 시절 탈레스는 이집트와 바빌로니아를 여행하며, 수학, 과학, 천문학 같은 학문을 열심히 공부했어요. 밀레투스로 돌아온 뒤에는 학교를 세우고 여러 학생들을 가르쳤어요. 그 가운데 한 명이 바로 '피타고라스'예요.

수학 분야에서 탈레스는 도형의 여러 이론을 정리하여 수학의 기초를 확립한 것으로 잘 알려져 있어요. 그 밖에 달이 해를 가리는 일식의 날짜를 정확히 알아내고, 커다란 피라미드의 높이를 구하는 등 과학자로서도 명성이 자자했답니다.

탈레스가 정리한 도형 이론

❶ 원의 가장 가운데 있는 점이 '원의 중심'이에요.
원의 중심을 지나는 선분이 '지름'이고요.
지름은 원을 반으로 똑같이 나눈답니다.

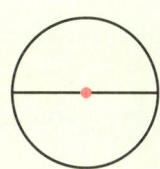

❷ 두 변의 길이가 같은 삼각형이
'이등변 삼각형'이에요.
이등변 삼각형에서는 두 밑각의 크기도 같아요.

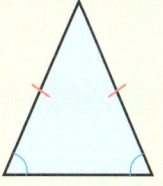

❸ 두 개의 직선이 서로 만나면 모두 네 개의 각이 생겨요.
이럴 때 서로 마주보는 각을
'맞꼭지각'이라고 하는데,
맞꼭지각끼리는 서로 크기가 같아요.

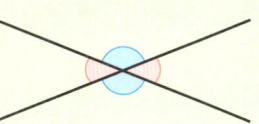

❹ 두 도형의 모양과 크기가 서로 똑같은 것을 '합동'이라고 해요.
두 개의 삼각형에서 한 변의 길이와 양쪽 각의 크기가 같으면,
두 삼각형은 서로 합동이 되어요.

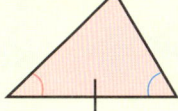 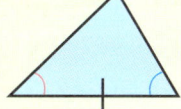

❺ 원 안에, 지름을 한 변으로 하는 삼각형을
그릴 수 있어요. 어떤 삼각형이든 지름을
한 변으로 하는 삼각형은 직각 삼각형이 되어요.

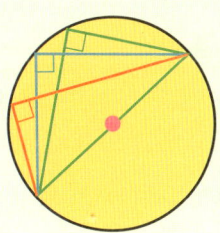

이집트에서 피타고라스는 좀처럼 제사장들과 함께하는 공부 모임에 낄 수가 없었어요. 아직 그만한 실력이 아니었거든요. 그렇다고 그대로 포기할 수는 없었지요. 열심히 공부하고 노력한 끝에, 피타고라스는 드디어 제사장들이 낸 어려운 시험을 통과했어요. 제사장들은 그런 피타고라스를 인정하고, 공부 모임에 받아들였어요. 나일강 부근의 여러 신전에서 피타고라스는 제사장들에게 수학과 과학을 배우면서 수준 높은 학문을 익히고, 지식을 쌓아 갔지요.

그런데 이 무렵, 페르시아(현재의 이란을 중심으로, 지중해 연안과 인도까지 이르렀던 커다란 나라)가 이집트를 침략했어요. 그 바람에 피타고라스는 포로가 되어 바빌로니아(현재의 이라크 지역에 있었던 고대 왕국)로 끌려가게 되었어요.

포로가 된 건 피타고라스에게 엄청난 위기였어요. 그렇지만 바빌로니아에 가게 된 건 행운이었지요. 당시 바빌로니아는 학문이 최고로 발달한 나라 중에 하나였거든요. 피타고라스는 거기서 10년 넘게 지내면서 바빌로니아의 뛰어난 지식을 배우게 되었어요. 수학, 과학, 천문학, 철학 등 다양한 학문을 깊이 있게 공부한 거예요.

피타고라스는 바빌로니아를 마지막으로 긴 타지 생활을 마치고, 고향인 그리스의 사모스 섬으로 돌아왔어요. 그때가 쉰여섯 살이었어요. 계산해 보면 대략 40년 정도를 낯선 곳에서 떠돌아다닌 셈이랍니다.

피타고라스의 여행

피타고라스는 고향 사모스 섬을 떠나 다시 이곳으로 돌아올 때까지 대략 40년 동안 지중해 연안의 여러 곳을 떠돌아다녔어요. 이때 배우고 익힌 공부가 이후 연구의 토대가 되었답니다.

피타고라스의 도시, 피타고리온

피타고라스의 여행을 살펴본 석주가 세계 지도를 가지고 나와 바닥에 펼쳤어요.

"여기가 그리스고, 사모스 섬이……. 아, 찾았다!"

석주가 사모스 섬을 찾아 손가락으로 가리켰어요. 슬기가 석주 손가락이 가리키는 곳을 들여다보았어요. 터키와 가까이 있는 작은 섬이었어요.

"사모스 섬의 항구이자 중심지 이름이 피타고리온이야."

엄마가 옆에서 덧붙였어요.

"피타고리온? 엄마, 왠지 피타고라스랑 이름이 비슷한데요?"

슬기가 물었어요.

"맞아! 피타고라스의 이름을 따서 그렇게 지은 거야. 원래는 '티가니'였다고 해. 그런데 이 섬에서 태어난 피타고라스를 기리기 위해서 1955년 피타고리온으로 이름을 바꾼 거지. 피타고라스는 사모스 섬 사람들의 자랑이야."

엄마가 설명해 주었어요.

"사람들이 피타고라스를 얼마나 좋아하면 그랬을까? 우리 아파트도 나중에 '석주 아파트'라고 부르면 좋겠다."

"그럴 일 없거든? 슬기 아파트라면 또 모르겠지만."

슬기와 석주는 서로 혀를 날름 내밀며 놀렸어요.

"엄마, 중심지 이름으로 삼을 만큼 피타고라스를 자랑스러워하니까, 당시 사람들도 피타고라스를 존경했겠죠?"

이번에는 엄마가 얼굴을 잠깐 찌푸렸어요.

"글쎄……. 그게, 꼭 그렇지만은 않았단다."

피타고리온

그리스 사모스 섬의 중심 항구 도시는 피타고라스의 이름을 따서 '피타고리온'이라고 이름 붙였어요.

피타고리온에는 피타고라스를 기리는 동상이 서 있어요. 비스듬히 누운 기둥을 향해 손을 뻗어 직각 삼각형을 완성하는 듯한 피타고라스의 형상은, 수학의 눈으로 세상을 바라보려 했던 수학자의 탐구심을 상징한답니다.

31

다시 고향을 떠나는 피타고라스

"피타고라스는 고향인 사모스 섬에 학교를 세워 자신이 그동안 공부한 지식을 나누려고 했어. 그 당시엔 폴리크라테스 왕이 사모스 섬을 지배하고 있었는데, 사람들의 말을 듣지 않고 독재를 했단다. 피타고라스는 그런 왕에게 순종하면서 지낼 수가 없었어. 피타고라스는 결국 왕을 피해 사모스 섬을 떠나 크로토네로 갔어."

엄마가 피타고라스에 대해 안타까운 목소리로 설명했어요.

"에? 지금껏 떠돌아다녔는데 또 떠나다니……."

석주가 안됐다는 듯이 말했어요.

"엄마, 그런데 새로 간 곳 크로토네는 어디예요?"

슬기가 엄마한테 물었지요.

"크로토네? 이탈리아 남부 도시야. 피타고라스는 그곳에서 계획한 학교를 세웠어."

"와, 그럼 교장 선생님이 된 거예요?"

"교장 선생님? 하하, 그런 셈이네."

"고향은 아니지만 다른 곳에서라도 학교를 세워서 참 다행이에요. 피타고라스는 엄청 똑똑하니까 피타고라스에게 배우려는 사람이 많았겠죠? 학교가 학생들로 넘쳐 났을 거예요."

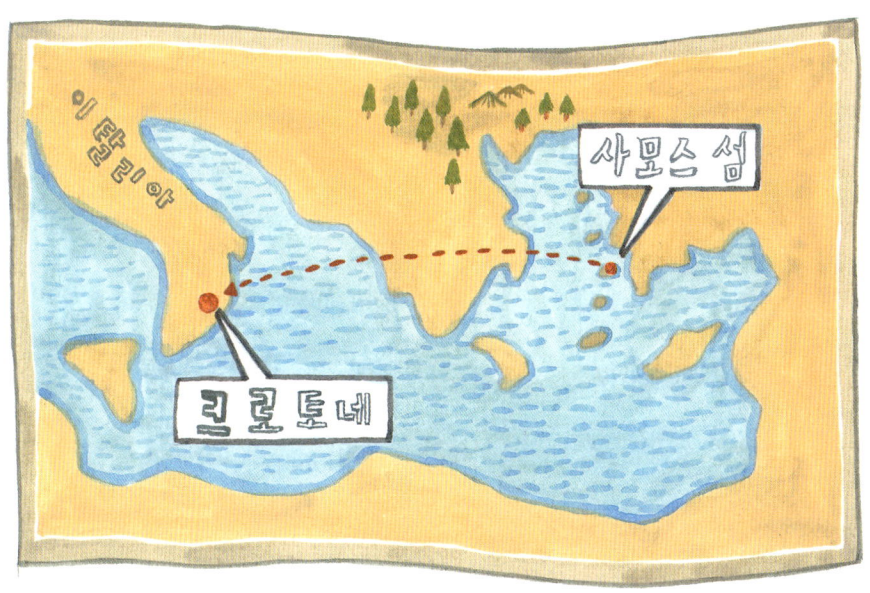

슬기가 머릿속에 학생들로 북적거리는 학교를 떠올리며 말했어요.

엄마는 다시 알쏭달쏭한 표정을 지었어요.

"안타깝게도 처음에는 학생이 한 명도 없었어. 당시 피타고라스는 잘 알려지지 않았고, 누군가를 가르친 경험도 없었거든. 그러니 피타고라스에게 교육을 받으려는 학생이 아무도 없었지."

"학교를 세웠는데 학생이 없다고요? 그럼, 학교 문 닫아야 하는 거 아녜요?"

석주가 걱정스러운 표정을 짓자, 엄마가 싱긋 웃으며 말했어요.

"그럴까? 피타고라스는 오랫동안 여행을 하면서 수많은 고비를 겪은 사람이야. 시련에 좌절하지 않고 현명하게 상

황을 극복할 줄 알았지. 그런 피타고라스니까, 쉽게 포기하진 않았겠지? 과연 피타고라스는 어떻게 했을까?"

석주와 슬기는 머리를 요리조리 굴려 보았어요. 하지만 아무리 생각해도 알 수가 없었어요.

"엄마, 도저히 모르겠어요!"

"맞아요, 학생이 없는데 어떻게 가르쳤다는 거예요?"

엄마는 싱긋 웃으면서 말했어요.

"돈을 주고 가르쳤어."

"네?"

석주와 슬기는 서로 마주보며 믿을 수 없다는 표정을 지었어요.

"피타고라스는 한 학생에게 자기한테 배워 보지 않겠냐고 물었어. 학생은, 자기는 돈을 벌어야 해서 배울 수가 없다고 답했지. 피타고라스는 자신에게 배우면 돈을 주겠다고 약속하고 학생을 가르쳤어."

"와, 가르치려는 의지가 무척 컸나 봐요. 학생한테 돈까지 주다니."

"그런데 매번 돈을 주다 보니까 피타고라스가 가진 돈도 바닥이 나고 만 거야. 그래서 결국 학생에게 사정을 말하고 떠나라고 할 수밖에 없었단다."

"엥? 그럼 이제 학교도 문을 닫아야겠네요?"

슬기가 안타까운 듯 눈꼬리를 내렸어요.

"그런데 생각지도 못한 일이 벌어졌단다."

"무슨 일이요?"

석주와 슬기는 피타고라스의 삶에 어떤 일이 벌어질지

조마조마했어요. 늘 흥미롭고 우여곡절이 많은 피타고라스였으니까요.

"학생이 이렇게 말한 거야. '이제, 제가 돈을 낼 테니 저를 가르쳐 주십시오.' 피타고라스에게 배운 학생이 드디어 지식을 얻는 즐거움에 흠뻑 빠진 거였어."

피타고라스 학파

엄마는 피타고라스가 세운 학교에 대한 설명을 이어 갔어요.

"시간이 지나자 피타고라스 학교에 많은 학생들이 몰려왔어. 피타고라스 학생이 되려면, 처음 3년을 청강생으로 공부해야 했단다."

"청강생? 엄마, 청강생이 뭐예요?"

슬기가 고개를 갸우뚱하며 물었어요.

"음, 정식 학생이 아니고, 수업을 듣기만 하는 학생을 말하는 거야. 그렇게 청강생으로 3년을 보낸 후, 피타고라스가 학생의 학습 태도와 능력을 살펴서 자격이 있다고 여기면 비로소 정식 학생이 될 수 있었지."

"휴, 학생 한 번 되기 되게 어렵네."

석주가 입을 삐죽이며 툴툴거렸어요. 엄마는 설명을 이어 갔어요.

"피타고라스에게 배우는 학생들은 함께 모여 철학과 수학을 연구하는 학문 공동체 '피타고라스 학파'가 되었어. 근데 피타고라스 학파가 되면, 연구한 것을 외부에 알리지 않고 어떤 기록도 남기지 않겠다는 서약을 했어. 학생들이 발견한 새로운 지식이나 결과도 자기 이름이 아니라 피타고라스 학파 이름으로 발표했고. 피타고라스 학파에 관한 모든 일은 절대 비밀로 해야 했지."

"와, 비밀을 지켜야 한다니, 뭔가 으스스하고 떨리는데요. 나도 피타고라스한테 배워 보고 싶다!"

석주가 입을 헤 벌린 채로 말했어요.

"쳇, 오빠 같은 게으름뱅이 학생은 받아 주지도 않을걸."

"학생이 원하면 배우는 거지. 설마 쫓아내기야 하겠냐?"

석주가 쏘아붙였어요.

"이런, 석주야 어쩌지, 내쫓기도 했는데……. 피타고라스는, 학생은 배우고 익히는 데 성실해야 한다고 생각했어. 그래서 수업을 듣기만 하는 청강생으로 3년을 공부하게 한 거야. 만약 그 기간 동안 성실하게 공부하지 않으면 쫓아내기도 했어."

엄마가 설명해 주었어요.

"그래도 3년은 너무 길어요."

석주가 불만스럽게 말했어요.

"그래도 참아야 할걸. 정식 학생이 되어야 피타고라스를 직접 마주 보면서 질문도 하고, 토론도 할 수 있었거든."

엄마가 다독이듯 말하자, 슬기가 고개를 갸우뚱하며 물었어요.

"그런데 엄마, 배운 걸 절대로 밖에 말해서는 안 된다고 서약했는데, 피타고라스가 무엇을 가르치고 무엇을 새로 알아냈는지 어떻게 알아요?"

"음……. 그래서 아무래도 알려지지 않은 게 많아. 정확하지도 않고. 피타고라스가 발견했다고 여겨지는 지식이 그가 알아낸 것인지, 학생들이 알아낸 것인지도 불분명해. 그래서 우리는 그에게 배운 제자들이 나중에 한 말이나, 후에 쓴 기록을 보고 추측하는 거란다."

"네……."

고개를 끄덕이며 엄마 말을 듣는 슬기를 향해 석주가 고

소하다는 듯 말했어요.

"흥, 너처럼 아는 척하고 싶어 하는 아이는 피타고라스 학파가 되기 어렵겠는걸."

석주의 놀림에 슬기는 아니라고 대꾸할 수가 없었어요. 솔직히 아는 척하지 않을 자신이 없었거든요. 아는 걸 남한테 말하는 게 얼마나 신나는 일인데 말이죠.

"나는 배운 걸 말하지 않을 자신이 있어요. 그니깐 피타고라스의 학생이 될 수 있는 거죠?"

석주가 의기양양하게 말하자, 엄마가 심각한 표정으로 석주에게 물었어요.

"너, 자전거 포기할 수 있어? 게임기는?"

"네? 그건 왜요?"

"피타고라스 학파가 되면 자신이 가진 재산을 모두 맡기고 함께 생활해야 했거든."

석주는 입이 쩍 벌어졌어요.

"피, 오빠도 피타고라스 학파가 되긴 글렀네. 딱지 하나도 주기 싫어하면서 말야."

이번에는 슬기가 석주를 놀려 댔어요. 석주의 입은 합죽이가 되었고요. 솔직히 석주는 게임기나 자전거를 내놓을 자신이 없었어요. 가끔 슬기가 자기 자전거를 빌려 타는 것도 못마땅한데 말이죠.

"휴, 피타고라스의 학생이 되기는 정말 어렵구나!"

석주와 슬기는 풀이 죽었어요.

수로 이루어진 세상

"자자, 그렇게 힘 빼고 있지 말고……. 우리, 오각형을 그려 볼까?"

석주와 슬기 남매를 보고 엄마가 말했어요.

"오각형이요?"

석주와 슬기는 어리둥절해 하며 종이에 각자 오각형을 그렸어요.

"자, 그 다음엔 오각형의 각 꼭짓점을 서로 이어 봐. 어때?"

"우아! 엄마, 별 모양이 나왔어요."

"별은 실제로는 둥근데, 우린 이 모양을 별 모양이라고 여기지? 이 별 모양을 만든 사람도 피타고라스란다. 피타고라스의 정식 학생이 되면 이 모양의 배지를 달았다고 해. 피타고라스 학파임을 나타내는 거였지."

석주와 슬기는 각자 자기가 그린 별 모양을 가슴에 대 보았어요.

"석주, 슬기, 피타고라스의 학생 같은걸."

엄마가 엄지손가락을 치켜세우며 웃었어요. 석주와 슬기는 진짜 피타고라스의 학생이 된 듯 으쓱해졌어요.

"자, 그럼 우리도 공부를 배워 볼까요? 선생님 한 수 가르쳐 주십시오."

석주가 두 손을 모으며 엄마에게 장난스레 말했어요.

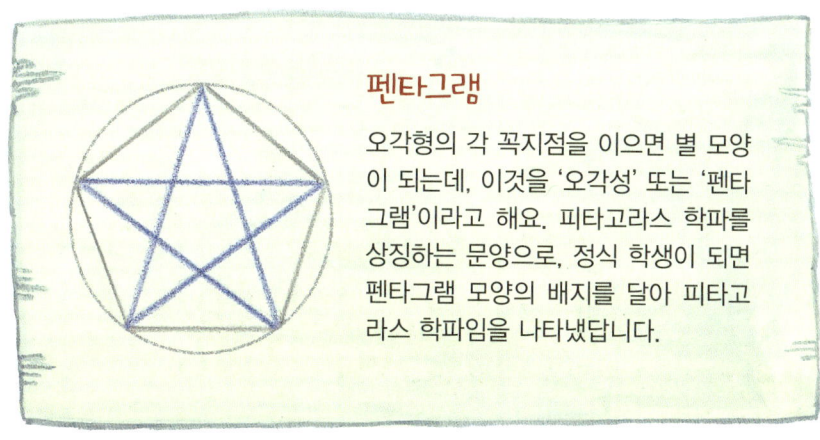

펜타그램

오각형의 각 꼭지점을 이으면 별 모양이 되는데, 이것을 '오각성' 또는 '펜타그램'이라고 해요. 피타고라스 학파를 상징하는 문양으로, 정식 학생이 되면 펜타그램 모양의 배지를 달아 피타고라스 학파임을 나타냈답니다.

"그래! 석주야, 너는 세상이 무엇으로 되어 있다고 생각하느냐?"

엄마의 난데없는 질문에 석주는 말문이 막혔어요.

세상이 무엇으로 되어 있냐니요? 석주는 주변을 둘러보았어요. 컴퓨터, 책상, 의자, 텔레비전, 시계, 신발, 옷…… 많은 것들이 눈에 들어왔어요.

"잘 모르겠습니다. 가르쳐 주십시오."

"세상은……"

엄마의 대답에 석주와 슬기가 귀를 쫑긋 기울였어요.

"……바로 '수' 로 이루어져 있느니라."

"네? 수라고요? 1, 2, 3, 4…… 같은 수요?"

석주와 슬기는 생각지도 못한 대답에 놀랐어요.

"그래, 피타고라스는 세상이 수로 이루어져 있다고 생각했어. 수가 만물의 본질이고, 세상을 이루는 중요한 열쇠라고. 그래서 제자들과 수에 대한 공부를 많이 했단다."

"윽, 난 수학이라면 질색인데."

석주가 고개를 절레절레 흔들었어요.

"당시 사람들은 세상이 무엇으로 이루어져 있는지 궁금

해 했어. 세상이 물로 이루어졌다고 여긴 사람도 있고, 물, 불, 흙, 공기로 이루어졌다고 생각한 사람도 있었단다. 피타고라스도 세상이 무엇으로 이루어져 있는지 고민했지. 그리고 그것이 '수'라고 생각했어."

"세상이 수로 이루어져 있다니. 책상에 숫자가 쓰여 있나? 옷에 숫자가 쓰여 있나?"

석주와 슬기는 도저히 모르겠다는 표정이었어요.

엄마는 빙긋이 웃었어요.

"그럼 먼저 피타고라스 학파임을 나타낸 이 배지, 별 모양부터 한번 살펴볼까? 이 별은 여러 개의 선으로 이루어져 있어. 피타고라스 학파는 이 선들 속에도 수가 숨어 있다고 생각했어."

"엥, 아무리 봐도 숫자는 안 보이는데요?"

석주가 투덜거렸어요.

"선의 개수를 말하는 건가?"

슬기 역시 고개를 갸우뚱했지요.

"음, 바로 선의 길이에 비밀이 숨어 있단다. 이 선들은 길이의 비율이 모두 같아. 이 비율을 옛날부터 '황금비율'

이라고 칭하며 가장 아름다운 비율이라 여겼지. 그리고 이렇게 황금비율로 이루어진 별 모양을 완벽한 도형이라고 생각했고."

 하지만 석주와 슬기는 아무리 봐도 별 모양에서 길이의 비밀을 찾을 수가 없었어요. 엄마는 별 모양과 오각형을 커다랗게 그리고, 그 속에 숨은 황금비율을 설명했어요.

정오각형의 비밀

정오각형을 그리고 꼭짓점끼리 연결해 선을 그려 보세요. 별 모양과 작은 정오각형이 만들어집니다. 다시 작은 정오각형 안에 다섯 개의 대각선을 그으면 더 작은 별 모양과 더 작은 정오각형이 만들어지지요. 이 과정을 계속하면 더 작은 별과 정오각형이 만들어진답니다.

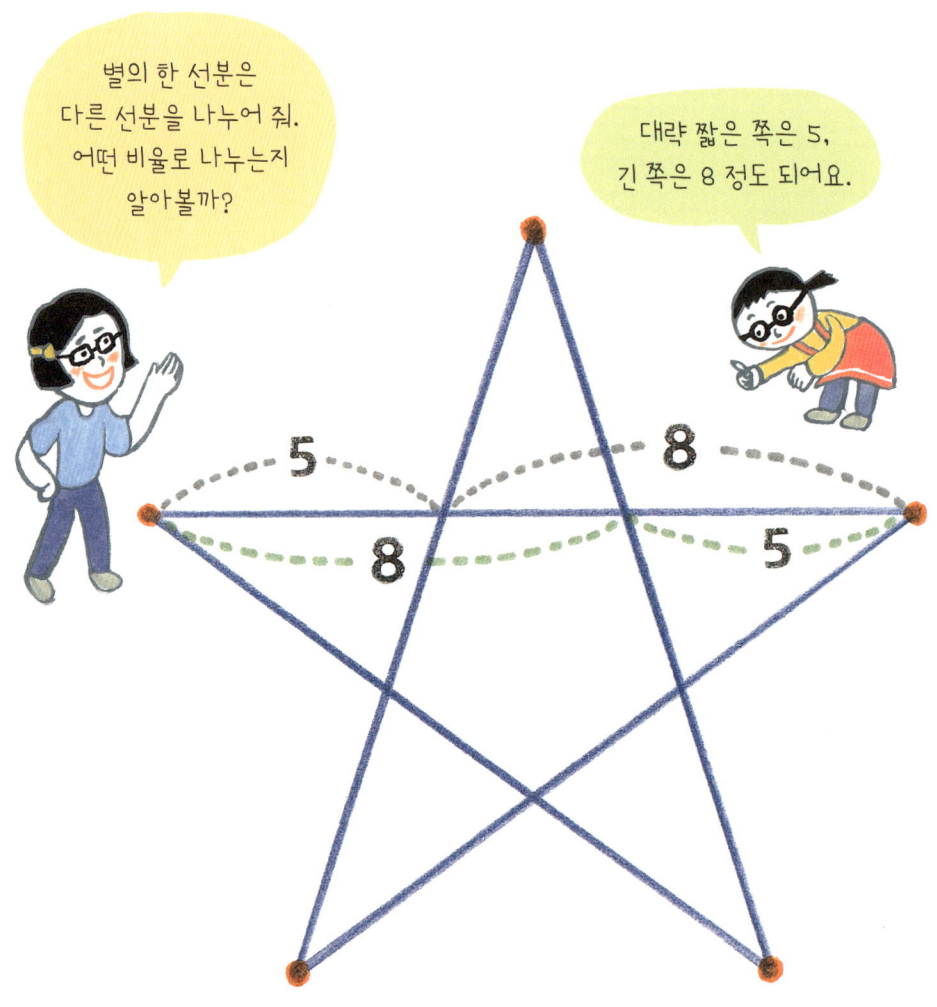

별의 한 선분이 다른 선분으로 나누어질 때, 짧은 쪽과 긴 쪽의 길이 비율은 대략 5 : 8이에요. 짧은 쪽을 1이라고 하면 긴 쪽은 1.618이지요. 이것이 바로 **황금비율**이랍니다.

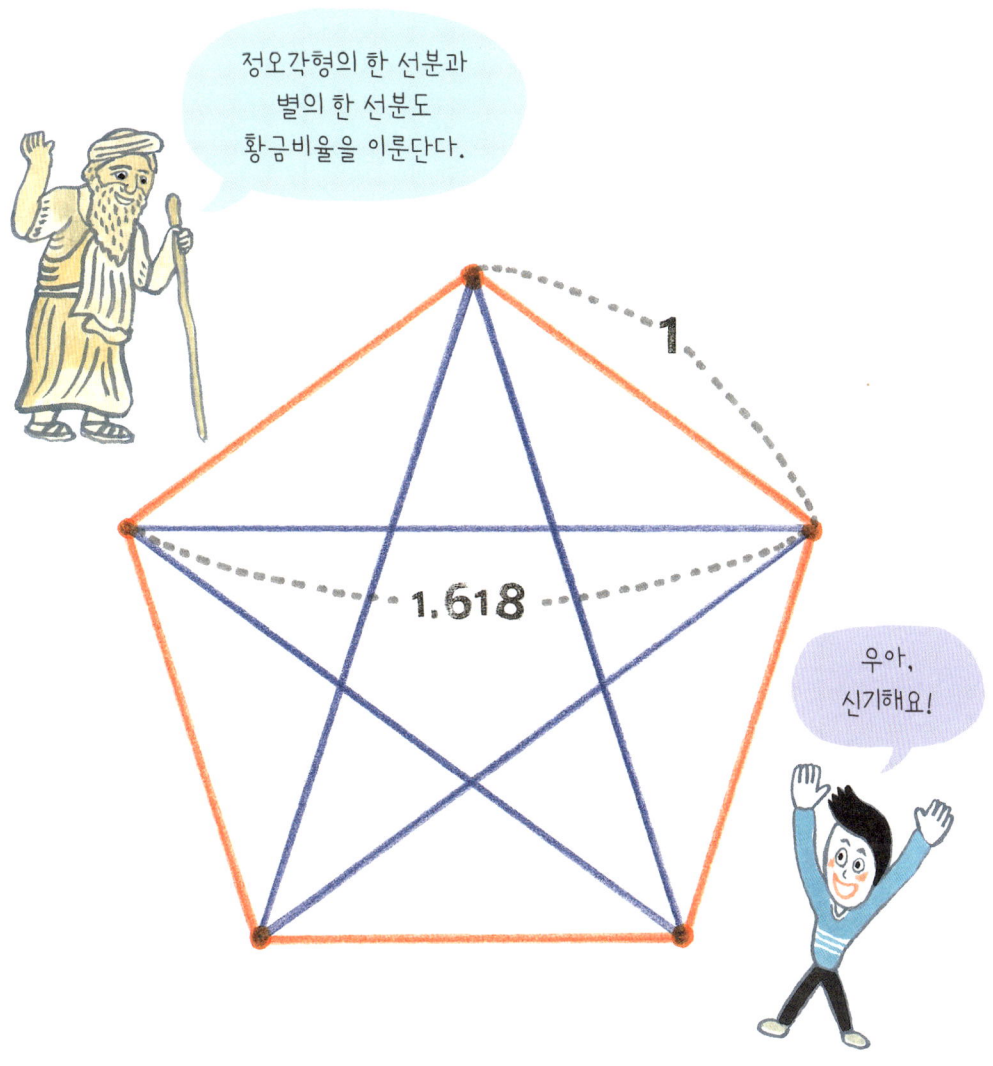

정오각형의 한 선분 길이를 1이라고 하면 별의 한 선분 길이는 1.618이 되어요. 이 두 선분 역시 **황금비율**입니다.

석주와 슬기가 감탄하며 별 모양과 오각형에 숨은 황금비율을 찾았어요. 그러자 엄마가 황금비율에 대한 이야기를 덧붙였지요.

"고대 그리스에서는 황금비율을 가장 안정감 있고 조화롭다고 느꼈대. 그래서 모든 물건을 황금비율에 맞게 만들었지. 우리가 아름답다고 여기는 조각상이나 건축물에서도 이 황금비율을 찾을 수 있어. 그리스에 있는 파르테논 신전이랑, 가장 아름다운 몸을 나타냈다는 밀로의 비너스상이 대표적이야."

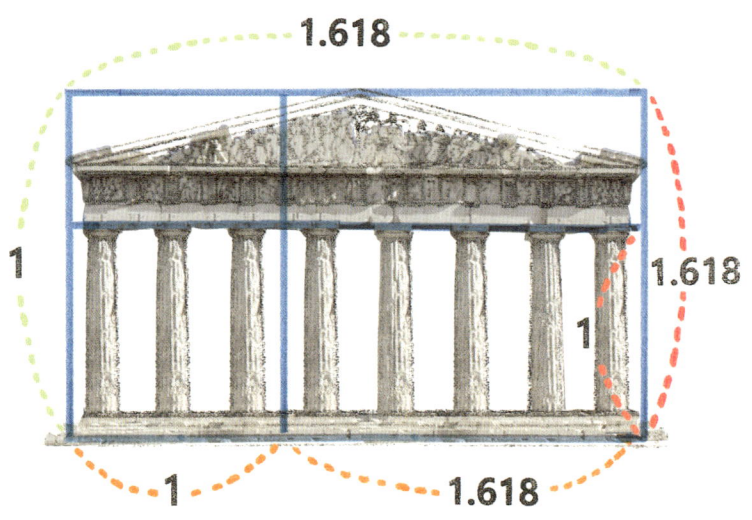

그리스 파르테논 신전에 숨은 황금비율

세상에는 보기에 좋고 듣기에 좋은 것들, 즉 조화로운 것들이 있어요. 피타고라스는 이런 조화로운 것들에 분명 규칙이 있을 거라고 생각했어요. 그리고 그 규칙을 수로 나타낼 수 있다고 믿었고요. 석주와 슬기가 엄마한테 배운 황금비율이 바로 그 규칙이랍니다.

밀로의 비너스상에 숨은 황금비율

직각을 만들어라

　세상의 조화로운 것들에는 수로 나타낼 수 있는 질서가 숨어 있다고요? 하지만 석주와 슬기는 여전히 알쏭달쏭했어요.

　"비너스상처럼 아름다운 예술 작품엔 수로 나타낼 수 있는 질서가 있다 쳐요. 하지만 우리가 살아가는 주변에서 수를 찾을 수 없다면, 이 세상이 수로 이루어져 있다고 하는 건 조금 억지 아녜요?"

　석주가 엄마에게 물었어요.

　"얘들아, 우리 주변에서도 수를 찾을 수 있어."

　"주변에도 있다고요?"

슬기와 석주가 둘레둘레 주변을 돌아보았어요.

엄마가 손가락으로 집 안 물건을 가리키며 말했어요.

"저기 가지런히 서 있는 책장이나 식탁 같은 것들 말이야. 똑바로 서 있지 않고 비스듬히 있다면, 어떻게 될까?"

"책장이 쓰러져서 책이 와르르 쏟아지겠죠."

"식탁이 기울어지면서 그릇이 와장창 깨질 거예요."

슬기와 석주가 번갈아 가며 대답했어요.

"그렇지? 책과 그릇이 잘 놓여 있는 건 책장과 식탁이 똑바로 서 있기 때문이야. 그런데 이것들은 어떻게 쓰러지지 않고 똑바로 서 있을까?"

"바닥에 수직으로 서 있으니까 쓰러지지 않죠. 바닥과 직각이니까요."

"그럼, 어떻게 수직으로 서 있게 만들었을까?"

"각도기로 90도를 맞추면 돼요."

"직각 삼각자를 써도 되고요."

슬기와 석주는 학교 수학 시간에 배운 것을 얼른 떠올려 말했어요.

"각도기나 직각 삼각자가 없던 옛날에는 어떻게 했을까? 그때도 누군가는 직각을 만들어야 했을 거 아니야."

"네?"

슬기는 말문이 막혔어요. 직각을 어떻게 만들었을까? 아무리 궁리해도 알 수가 없었어요.

"외계인이 와서 알려 주고 갔나?"

석주의 엉뚱한 상상에 엄마가 웃음을 터트렸어요.

"하하, 뭐라고? 너네들 이집트의 피라미드 알지? 그 피라미드의 밑면도 직각이야. 그러니까 이집트 사람들은 직각 만드는 법을 알고 있었던 거지."

"정말요? 어떻게요?"

석주와 슬기가 눈을 크게 뜨고 놀라서 물었어요.

"생각보다 쉬워. 우선, 길이가 같은 12개의 끈을 길게 연결해. 3개를 묶은 점과 4개를 묶은 점, 5개를 묶은 점을 표시하고 이 줄의 처음과 끝을 연결해서 표시한 부분을 잡아당기면 직각 삼각형이 돼. 이집트에서는 이 방법으로 건축물을 지을 때 직각을 만들었다고 하는구나. 그럼, 우리도 한번 만들어 볼까?"

이집트에서 직각을 만들었던 방법대로 직각을 만들어 보자.

길이가 같은 12개의 끈을 길게 연결합니다.

3개를 이은 점과 4개를 이은 점, 5개를 이은 점을 각각 표시합니다.

줄의 처음과 끝을 연결해서 표시한 부분을 잡아당기면 직각 삼각형이 됩니다.

"와, 이 방법만 쓰면 직각 만들기는 문제없네요!"

슬기가 신나서 소리쳤어요.

"그런데, 왜 이렇게 하면 직각이 될까?"

석주와 슬기는 말문이 막혔어요. 엄마를 따라 신나게 직각을 만들기는 했지만, 이렇게 하면 왜 직각이 만들어지는지는 생각해 보지 않았거든요. 둘은 서로 멀뚱히 쳐다볼 수밖에 없었지요.

"이집트 사람들은 이렇게 직각을 만들어 이용하긴 했지만, 너희처럼 왜 직각이 되는지는 알지 못했단다. 직각에 숨어 있는 수의 비밀을 찾아내진 못한 거지. 하지만 걱정마! 피타고라스가 그 비밀을 밝혀냈으니까."

직각쟁이

이집트에서는 직각을 만드는 직업을 가진 사람들이 있었어요. 이런 사람들을 '직각쟁이'라고 불렀는데, 건축물을 지을 때 활동했답니다.

각을 알아보아요!

각이란 한 점에서 만나는 두 개의 직선으로 이루어진 도형입니다.
두 직선이 만나는 점을 '각의 꼭짓점', 두 직선을 '각의 변'이라고 합니다.
각의 크기를 '각도'라고 하는데, 두 선분의 벌어진 정도를 말합니다.
각도는 기호로 '°'라고 쓰고, '도'라고 읽습니다.
각은 반드시 두 직선이 한 점에서 만나야 합니다.
두 직선이 만나지 않거나,
곡선으로 이루어진 도형은
각이 아닙니다.

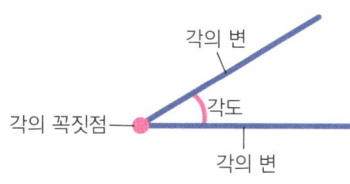

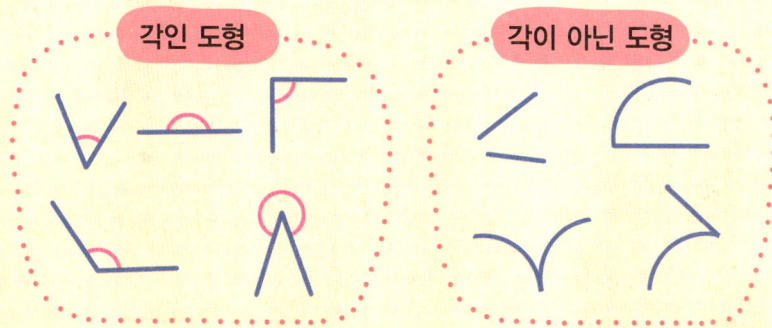

직각이란 각의 크기가 90도인 경우를 말합니다.

피타고라스의 정리

'왜 직각이 될까?'

석주와 슬기는 직각 삼각형을 뚫어져라 바라보았지만 도무지 알 수가 없었어요.

"호호, 얘들아, 마침 우리 집 거실 바닥이 피타고라스의 비밀을 알아내기에 참 좋은걸. 피타고라스는 우리 집 거실 바닥처럼 생긴 이런 바닥 위를 걷다가 답을 찾아냈단다. 너희도 찾아볼래?"

슬기와 석주가 거실 바닥을 바라보았어요. 늘 보던 바닥인데 여기에 직각의 비밀이 숨어 있다니요.

"자, 여기 초록색 직각 삼각형을 보렴. 빗변을 한 변으로 하는 정사각형은 삼각형 네 개로 이루어져 있어. 직각을 끼고 있는 두 변도 볼까? 직각 변을 한 변으로 하는 정사각형은 각각 삼각형 두 개로 이루어져 있어. 삼각형의 크기는 모두 같으니까, 직각을 끼고 있는 변으로 이루어진 노란 정사각형과 파란 정사각형의 넓이를 합하면 빗변으

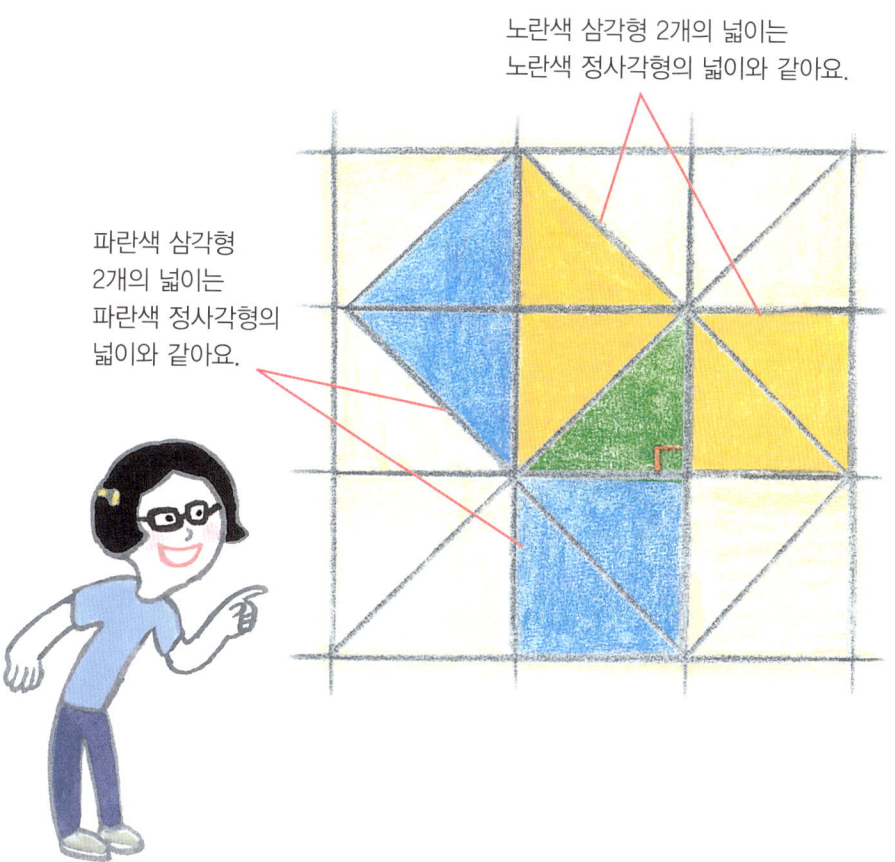

노란색 삼각형 2개의 넓이는
노란색 정사각형의 넓이와 같아요.

파란색 삼각형
2개의 넓이는
파란색 정사각형의
넓이와 같아요.

로 만든 큰 정사각형의 넓이와 같단다."

엄마가 설명을 이어 갔어요.

"정사각형의 넓이는 한 변의 길이를 두 번 곱한 값과 같으니까……."

"아, 그러니까. 직각을 끼고 있는 이 두 변의 길이를 각각 곱해서 더하면, 긴 빗변을 두 번 곱한 정사각형의 넓이와 같네요!"

슬기가 손뼉을 치며 말했어요.

"그렇지, 슬기가 알아챘구나. 각각의 변을 a, b, c 라고 이름 붙여서 이것을 정리해 볼까? 그러면……."

"(a×a)+(b×b)는 c×c!"

석주도 질세라 대답했어요.

"와, 석주도 이제 이해했구나. 피타고라스는 모든 직각삼각형에서 직각을 이루는 변의 길이의 제곱의 합은 빗변의 길이의 제곱과 같다는 것을 발견했어. 그것을 '피타고라스의 정리'라고 해. 이 정리로 직각 삼각형인지 아닌지 확인할 수 있게 된 거지."

"엄마, 다른 직각 삼각형에서도 피타고라스의 정리가 맞

피타고라스의 정리

직각 삼각형에서 직각을 이루는 두 변의 길이를 각각 제곱한 값의 합은 빗변의 길이를 제곱한 값과 같아요. 이 말은 삼각형에서 가장 긴 변의 길이의 제곱이 나머지 두 변의 길이를 각각 제곱한 값의 합과 같으면 직각 삼각형이라는 뜻이기도 하지요. 피타고라스의 정리를 이용하면, 삼각형이 직각 삼각형인지 아닌지 판별할 수 있답니다.

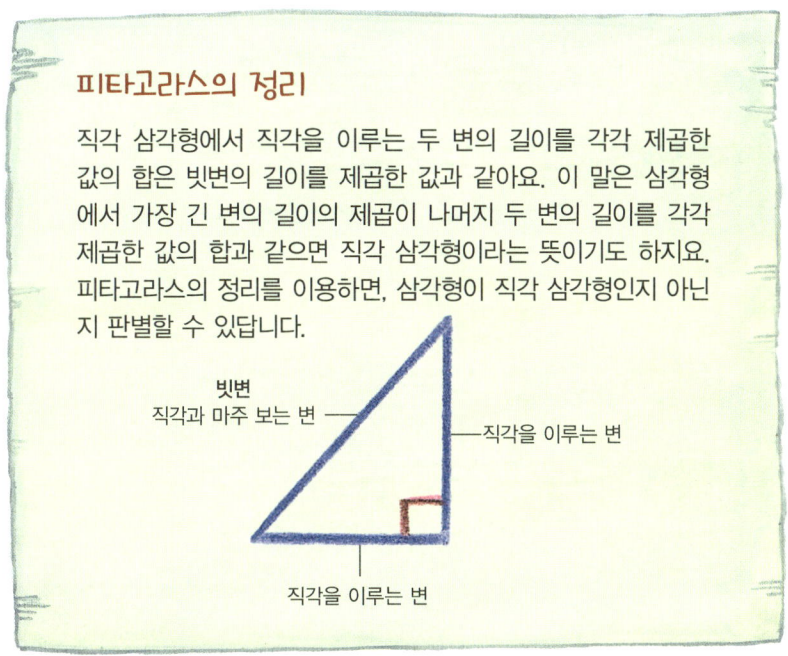

어떨어져요? 길쭉한 직각 삼각형, 넙적한 직각 삼각형 모두 말예요."

슬기가 의심쩍은 표정으로 물었어요.

"그럼, 당연하지! 우리 이 증명으로, 이집트에서 피라미드를 건축할 때 사용한 직각 삼각형이 정말 직각인지 한번 살펴볼까?"

"3의 제곱은 9, 4의 제곱은 16이니까 둘을 합하면 25."

슬기는 자신이 만든 직각 삼각형을 보며 중얼거렸어요.

"빗변이 5니까 5의 제곱은 25."

석주가 뒤이어 덧붙이고는 슬기와 마주 보았어요.

"우아, 같다!"

남매는 세상의 비밀을 함께 찾아낸 것 같은 기분이 들었어요.

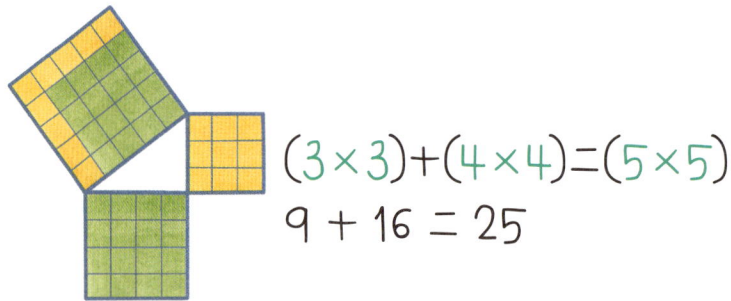

직각 삼각형에 피타고라스의 정리 적용하기

대표적인 직각 삼각형 변의 길이를 알아보고, 피타고라스의 정리를 적용해 계산해 보아요.

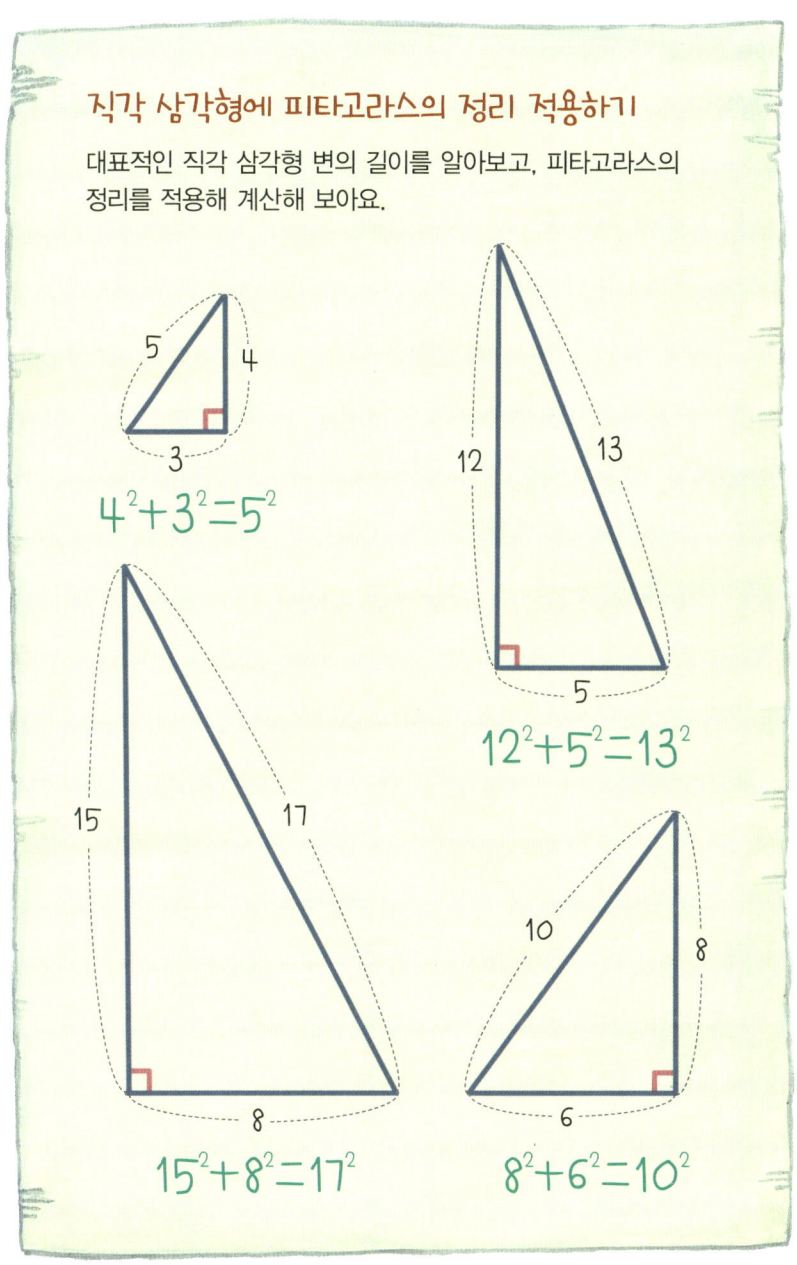

$4^2 + 3^2 = 5^2$

$12^2 + 5^2 = 13^2$

$15^2 + 8^2 = 17^2$

$8^2 + 6^2 = 10^2$

삼각형을 알아보아요!

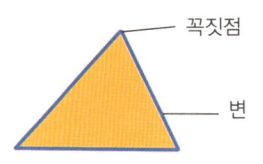

삼각형이란 세 개의 선분으로 둘러싸인 도형입니다. 이때 삼각형을 이루는 각각의 선분을 '변', 두 변이 만나는 점을 '꼭짓점'이라고 합니다.

세 개의 선분이 있더라도 선분이 만나지 않고 떨어져 있거나, 선분이 지나쳐 가거나, 직선이 아닌 곡선으로 둘러싸인 경우엔 삼각형이 아니랍니다.

변의 길이에 따라 삼각형은?

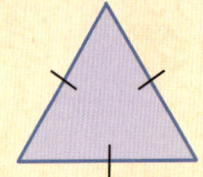 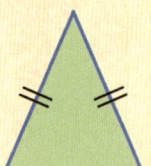 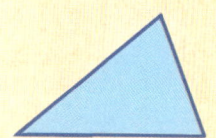

세 변의 길이가 모두 같은 **정삼각형**   두 변의 길이가 같은 **이등변 삼각형**   세 변의 길이가 모두 다른 **삼각형**

각의 크기에 따라 삼각형은

삼각형 세 각의 크기를 모두 합하면 180도입니다. 각의 크기에 따라 삼각형 모양을 구분할 수 있습니다. 각의 크기가 90도면 직각, 90도보다 크고 180도보다 작으면 둔각, 90도보다 작으면 예각이라고 합니다.

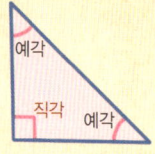 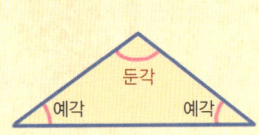 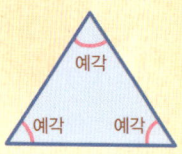

세 각 중 한 각이 직각인 **직각 삼각형**   세 각 중 한 각이 둔각인 **둔각 삼각형**   세 각 모두 예각인 **예각 삼각형**

여러 가지 수

"피타고라스는 수를 세상의 본질이라고 여기고 수에 집중했단다. 그리고 수가 가진 여러 가지 재미난 특성들을 찾아내서 그에 맞게 이름 붙였어."

"수에 재미난 특성이 있다고요?"

석주는 고개를 갸우뚱했어요.

"먼저, 쉬운 예를 들어 볼까? 2로 나누어떨어지는 수들이 있지? 말해 볼래?"

"치, 그것도 모를 줄 알고요? 2, 4, 6, 8, 10, 12, 14, 16, 18, 20……"

멈출 줄 모르고 계속 답을 이어가는 석주를 엄마가 말렸어요.

"자자, 그럼 그 반대의 경우도 있지? 2로 나누어떨어지지 않는 수."

"1, 3, 5, 7, 9, 11……"

이번엔 슬기가 답을 이었어요.

"자, 이렇게 수에는 2로 나누어떨어지는 수와 떨어지지 않는 수가 있어. 나누어떨어지는 수를 '짝수'라고 하고, 나누어떨어지지 않는 수를 '홀수'라고 하지. 피타고라스는 이렇게 수의 특성을 찾아내어 이름을 붙였단다."

우리가 쓰는 짝수, 홀수가 이렇게 오래전에 피타고라스가 생각해 낸 거라니, 석주는 신기한 기분이 들었어요.

짝수 2로 나누어떨어지는 수입니다.
2, 4, 6, 8, 10, 12, 14……

홀수 2로 나누어떨어지지 않는 수입니다.
1, 3, 5, 7, 9, 11, 13……

"자, 이번엔 석주의 딱지를 볼까? 여섯. 이 6의 비밀을 찾아볼래?"

피타고라스라면 6에서 어떤 특성을 발견했을까요? 석주는 눈을 부릅뜨고 딱지를 바라보았어요.

"먼저, 6은 짝수고……."

"그건 이미 배웠거든."

슬기가 팔꿈치로 석주를 툭 치며 말했어요.

"이번에는 조금 어려우니 엄마가 도와줄게. 어떤 수를 나누어떨어지게 하는 수를 약수라고 하지? 6의 약수를 먼저 찾아볼까?"

$$6 \div 1 = 6 \quad 6 \div 2 = 3$$
$$6 \div 3 = 2 \quad 6 \div 6 = 1$$

"그러니까 1, 2, 3, 6이 6의 약수예요."

"그래. 그럼, 자기 자신인 6을 제외한 나머지 약수, 1과 2와 3을 더하면?"

$$1 + 2 + 3 = 6$$

"6이요, 6. 어? 자기 자신이 나오네?"

석주가 신기하다는 듯 말했어요.

"그렇지. 6은 자신을 제외한 약수들의 합이 다시 자신이 돼. 피타고라스는 이런 수를 '완전수'라고 불렀단다."

"완전수? 그럼 6 말고 완전수가 또 있어요?"

"있지, 그런데 많진 않아. 1에서 10,000,000까지의 숫자 중에서 단 4개 밖에 없단다. 6, 28, 496, 8128."

$$28 \div 1 = 28 \quad 28 \div 7 = 4$$
$$28 \div 2 = 14 \quad 28 \div 14 = 2$$
$$28 \div 4 = 7 \quad 28 \div 28 = 1$$
$$1 + 2 + 4 + 7 + 14 = 28$$

$$496 \div 1 = 496 \quad 496 \div 31 = 16$$
$$496 \div 2 = 248 \quad 496 \div 62 = 8$$
$$496 \div 4 = 124 \quad 496 \div 124 = 4$$
$$496 \div 8 = 62 \quad 496 \div 248 = 2$$
$$496 \div 16 = 31 \quad 496 \div 496 = 1$$
$$1 + 2 + 4 + 8 + 16 + 31 + 62 + 124 + 248 = 496$$

8128÷1=8128 8128÷127=64
8128÷2=4064 8128÷254=32
8128÷4=2032 8128÷508=16
8128÷8=1016 8128÷1016=8
8128÷16=508 8128÷2032=4
8128÷32=254 8128÷4064=2
8128÷64=127 8128÷8128=1

1+2+4+8+16+32+64+127+254
+508+1016+2032+4064=8128

완전수

자신을 뺀 약수의 합이 자기 자신과 같은 수입니다.
6, 28, 496, 8128이 있습니다.

"또 피타고라스는 도형을 이루는 수를 '도형수'라고 했어."

"도형을 이루는 수요?"

슬기가 바닥에 놓인 딱지를 물끄러미 보았어요.

딱지 네 개가 두 개씩 두 줄로 놓여 있는 모습이 꼭 사각형 같았어요.

"엄마, 혹시 4가 사각수예요?"

엄마가 빙그레 웃음 지었어요.

"맞아."

"알겠어요. 딱지 네 개가 이렇게 놓여서 사각형이 되잖아요. 사각형이 되는 수가 사각수, 맞죠?"

슬기가 신나서 소리쳤어요.

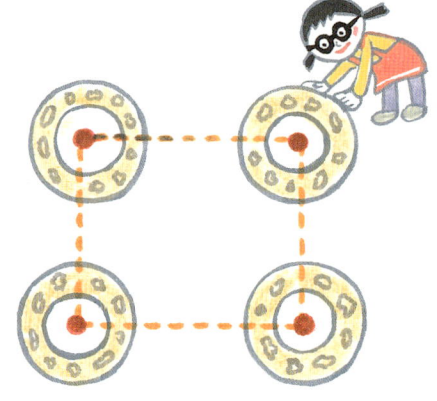

"맞아. 사각형이 되는 수가 사각수란다. 슬기가 잘 맞췄는걸."

"그럼 6은 뭐지?"

석주가 자기의 딱지를 요리조리 만지면서 궁리를 했어요. 딱지 세 개를 삼각형 모양으로 놓았는데도 딱지 세 개가 또 남았어요. 남은 딱지를 손에 쥐고 우물쭈물하는데 슬기가 끼어들었어요.

"오빠, 그 세 개를 맨 아래에 놓아 봐."

석주가 슬기의 말대로, 세 개를 순서대로 아래 놓으니 삼각형 모양이 되었어요.

"와, 딱지 여섯 개로 삼각형을 만들 수 있어요. 6은 삼각수예요."

"정답을 알아냈구나. 딱지로 삼각형과 사각형 모양을 만든다고 생각해 봐. 그때 사용된 딱지의 총 개수가 각각 삼각수, 사각수가 돼."

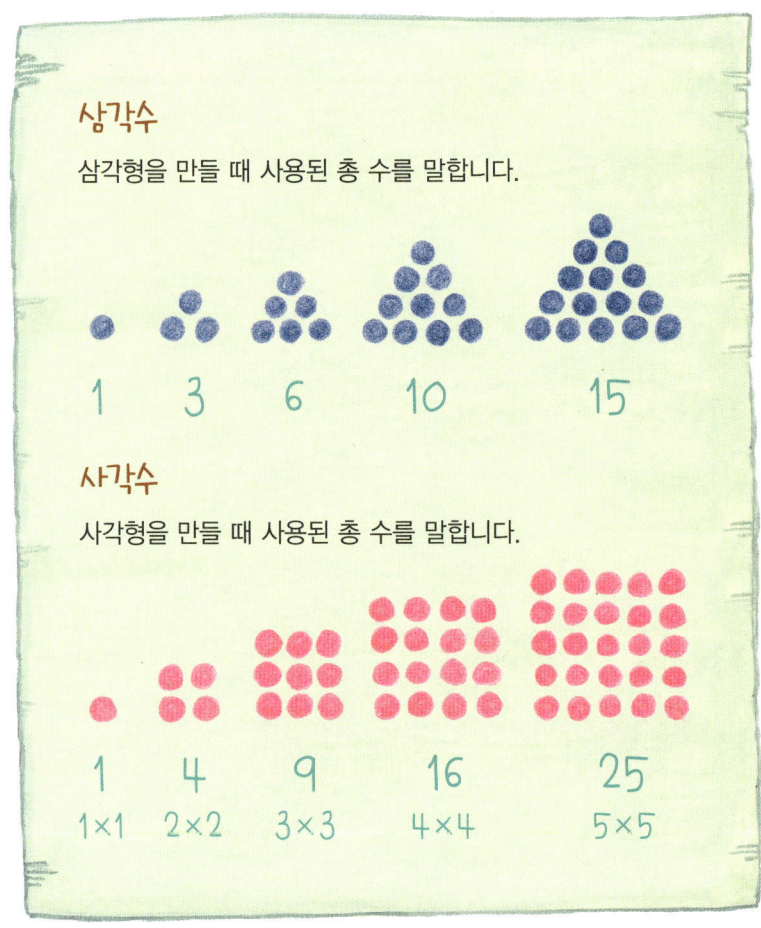

테트락티스

"이제 삼각수와 사각수가 뭔지 알아맞혔으니 약속대로 딱지를 내줘야겠구나."

엄마는 흐뭇한 미소를 짓고는 딱지를 돌려주었어요. 열 개의 딱지를 받아 든 석주가 소리쳤어요.

"앗, 삼각수다! 이렇게 딱지 열 개로 삼각형을 만들 수 있어요."

석주가 바닥에 딱지를 놓고 삼각형을 만들었어요.

"뭐? 하하, 우리 석주가 피타고라스 학파가 다 되었는걸."

"히히! 그런가요?"

석주가 만든 삼각형을 본 엄마가 말했어요.

"어머, 이거 테트락티스인데."

"테트락티스?"

테트락티스

피타고라스는 숫자 '10'이 온 세상을 하나로 묶는 완벽한 수라고 생각했어요. 세상의 모든 만물은 1, 2, 3, 4로 진행되면서 만들어지며, 한 개, 두 개, 세 개, 네 개를 연이어 나열하여 그 총합이 10이 되게 만든 문양 테트락티스를 가장 완벽한 문양으로 여겼답니다.

"이 모양을 보렴. 위에서부터 딱지가 한 개, 두 개, 세 개, 네 개. 피타고라스는 세상의 모든 만물이 1, 2, 3, 4처럼 차례 차례 진행된다고 생각했어. 그럼 1, 2, 3, 4 연이어진 숫자를 합해 볼까?"

"1 더하기 2 더하기 3 더하기 4는? 10이요."

"그렇지? 피타고라스는 10이 온 세상을 하나로 묶는 완벽한 수라고 생각했지. 그래서 1, 2, 3, 4가 연이어 나열되어 점 열 개로 만들어진 삼각형을 가장 완벽한 문양으로 여겼단다. 그게 바로 테트락티스지."

엄마의 설명을 듣고, 석주와 슬기는 고개를 크게 끄덕거렸어요.

엄마는 석주와 슬기가 피타고라스의 첫 제자 같다는 생각을 했어요. 처음에는 돈을 벌려는 마음에 공부를 시작했지만, 나중에는 지식을 배우는 참 재미를 알게 된 제자 말예요. 처음엔 딱지를 되돌려 받으려는 마음만 굴뚝같았던 개구쟁이 남매가 어느새 수의 재미에 푹 빠져 버렸죠.

사이좋은 피타고라스 학파

피타고라스 학파는 자기 재산을 모두 맡기고 공동체 생활을 했어요. 그러다 보니 함께 공부하고 생활하는 사람들과의 의리와 믿음을 중요하게 여겼죠. 남편과 아내, 친구와 이웃 등 모든 관계에서 상대방을 존중해야 한다고 강조했지요. 그래서 피타고라스 학파 사람들은 사이가 좋고 서로에게 친절했어요. 서로 모르더라도 피타고라스 학파에 속해 있다는 것만으로도 의리를 지키고 보호해 주었답니다. 엄마는 석주와 슬기에게 피타고라스 학파 사람들끼리 우정과 의리를 나누는 이야기 두 편을 들려주었어요.

이야기 하나_여관 주인과 테트락티스

피타고라스 학파이던 한 사람이 여행을 하다 그만 병에 걸렸어. 그 사람은 자신이 묵고 있던 숙소에서 계속 앓다가 결국 가진 돈까지 다 써 버렸지. 하지만 마음씨 착한 여관 주인은 그 사람을 내쫓지 않고 정성껏 돌봐 주었단다.

시간이 흐를수록, 투병 생활을 하던 사람은 몸이 점점 쇠약해졌어. 어느 날, 그 사람은 나무판자에 그림을 그려 자기를 돌봐 준 여관 주인에게 건넸어. 그 그림은 바로 테트락티스였어.

"내가 죽거든, 이걸 근처 길가에 걸어 놓으세요. 누군가가 이 그림을 알아본다면, 제가 당신에게 진 빚을 모두 갚아 줄 겁니다."

얼마 지나지 않아 그 사람은 죽게 되었고, 여관 주인은 숙소 앞 길가에 테트락티스가 그려진 나무판자를 세워 두었어. 보상을 받겠다는 생각보다는 죽은 사람의 유언을 지킨다는 생각에서였지.

한 해, 두 해…… 시간이 흘렀어. 어느 날, 피타고라스 학파 사람이 그 앞을 지나가게 되었어. 그 사람은 단번에 테트락티스를 알아보고 여관 문을 두드렸단다.

"어떻게 이 그림이 여기에 그려져 있나요?"

여관 주인은 그간에 일어난 일을 모두 들려주었어. 이야기를 들은 사람은 여관 주인에게 머리를 숙여 감사의 말을 전하고, 죽은 사람을 대신하여 빚을 갚아 주었대.

이야기 둘_핀티아스와 다몬의 우정

피타고라스 학파 중에 핀티아스라는 사람이 있었어. 그 사람은 착하기로 소문난 사람이었어. 어느 날, 핀티아스는 귀족 디오니시우스의 암살 계획을 꾸몄다는 혐의로 체포되었지.

"어찌 감히 그런 계획을 세웠느냐. 너의 목을 베어 죗값을 치르라."

디오니시우스는 핀티아스에게 사형을 선고했어. 핀티아스는 죽기 전 마지막으로 하루만 시간을 달라고 청했어. 자신의 집이며 물건들을 정리하기 위해서였지.

"디오니시우스 님, 저 대신 제 친구가 감옥에 갇혀 있겠습니다. 그러니 제발 하루만 시간을 주십시오."

"허, 오늘 안에 돌아오지 않으면 너 대신 목숨을 잃을 텐데, 누가 감옥에 가겠느냐?"

디오니시우스는 비아냥댔어. 핀티아스는 피타고라스 학파의 친구 다몬에게 부탁했어. 다몬은 기꺼이 핀티아스를 대신해 감옥에 갇혔단다. 덕분에 핀티아스는 감옥 밖으로 나갈

수 있었지.

처음엔 핀티아스가 곧 돌아올 줄 알았어. 그런데 해가 지고 어둑어둑 하루가 저물어 가는데도 돌아오지 않았어.

"내 이럴 줄 알았어. 죽을 게 뻔한데 누가 돌아오겠어? 괜히 친구만 속은 거지, 뭐."

주변 사람들은 핀티아스가 도망갔다며 다몬을 비웃었지. 하지만 다몬은 조금도 흔들리지 않았어.

"내 친구 핀티아스는 그럴 사람이 아니에요. 분명 뭔가 사정이 생겼겠지요."

그 믿음대로 하루가 다 저물기 직전, 저 멀리서 핀티아스가 뛰어왔어. 죽으러 돌아온 거였지.

"이런, 죽을 걸 뻔히 알면서 다시 돌아오다니……."

귀족 디오니시우스는 이 우정에 큰 감명을 받았어. 그래서 둘 다 감옥에서 풀어 주었단다.

피타고라스의 선물

"어때? 피타고라스는 단지 지식을 쌓는 것뿐만 아니라, 평소 생활하는 마음과 태도까지 중요하게 생각했어. 성실히 공부하고 바르게 생활하는 것, 친구와의 약속을 지키는 것도 중요하게 여긴 거지."

엄마의 말에 석주는 문득, 딱지 한 장도 나눠 주기 싫어서 붉으락푸르락했던 자기 모습이 떠올라 슬기를 힐끔 쳐다봤어요. 마침 슬기도 석주를 바라보았지요.

"자, 딱지는 약속한 대로 돌려줬고. 참, 너희 화해했니?"

엄마의 말에 둘은 쭈뼛거렸어요. 그러다 석주가 먼저 슬그머니 손을 내밀었어요.

"슬기야, 아까 딱지 여섯 개로 삼각형 만드는 거 도와줘서 고마워!"

슬기도 석주의 손을 맞잡았어요. 엄마는 손을 마주잡은 남매를 대견한 마음으로 바라보았어요.

그러고 나서 슬기는 엄마한테 되돌려 받은 딱지 열 개에서 네 개만 챙겼어요. 그러자 석주가 슬기에게 딱지를 하나 더 건넸어요.

"이거 딱지 하나, 너 더 가져."

"괜찮아. 오빠가 영석이한테 딴 거라며. 아까 내놓으라고 해서 미안!"

"아냐. 난 또 따면 되니까 너 가져."

슬기는 그렇잖아도 미안한 마음이었는데 석주가 딱지까지 주니까 더 미안해졌어요.

"괜찮다니까……. 오빠 가져."

"아냐, 미안하니까 너 가져."

석주와 슬기가 딱지 하나를 사이에 두고 실랑이를 벌였지요.

"너희들!"

이때 엄마가 끼어들었어요. 뒷짐까지 지고 말이죠. 석주와 슬기는 당황했어요.

"우리 싸우는 거 아니에요. 그치?"

"그럼요. 오해하지 마세요."

둘 다 손사래를 치며 엄마에게 해명했어요.

엄마가 화난 표정을 슬그머니 지우며 빙긋이 웃었어요.

"알아. 엄마도 약속을 지키려고."

"약속이요?"

"사이좋게 지내면 딱지 더 줄 거라고 했던 약속."

엄마는 말이 끝나기가 무섭게 두 손을 앞으로 내밀었어요. 어머, 손 안에는 딱지가 가득 들어 있었죠.

"방금 보니 우리 개구쟁이들이 아주 사이좋게 보여서 말이지."

슬기가 얼른 딱지를 받아 들고 수를 세었어요.

"몇 장이야? 몇 장?

석주가 슬기를 재촉했지요. 슬기는 딱지를 다 세고 방긋이 웃으며 말했어요.

"우아, 오빠. 우리 각자 테트락티스를 하나씩 가질 수 있겠는걸."

"정말?"

"엄마 고맙습니다!"

석주와 슬기는 엄마의 양쪽 뺨에 쪽, 뽀뽀를 했어요.

"너희들 사이좋게 지내니 오히려 엄마가 고마운걸. 이게 피타고라스 덕택인가?"

"뭐라고요?"

"하하하!"

"호호호!"

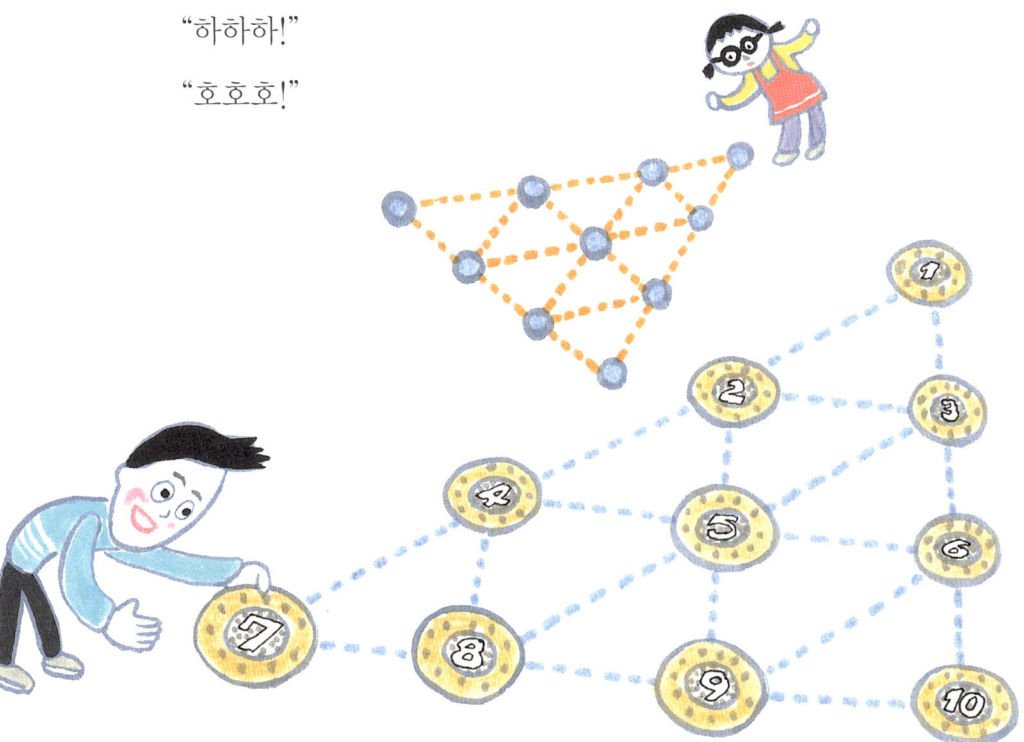

석주와 슬기는 수가 많아진 딱지를 가지고 각자 자기의 테트락티스를 만들었어요. 엄마는 흐뭇하게 웃으며 지켜봤고요. 물론 싸우면 딱지를 또 뺏을 거라는 잔소리도 잊지 않았죠.

한참을 딱지를 가지고 놀던 슬기가 문득 석주에게 물었어요.

"근데 오빠, 정말 영석이에게 딱지 딴 거야? 뺏은 거 아니고?"

"뭐? 아니라니까? 이게 정말?"

"하하, 알겠어. 알겠어."

바람 잘 날 없는 석주와 슬기의 딱지는 앞으로도 무사할까요?

점과 선과 면

점

연필로 톡, 작게 찍은 표시가 점이에요.
점은 크기가 없이 위치만 알려 주어요.

선

연필로 죽, 두 점을 이어 그으면 선을 만들 수 있어요.
선은 길이는 있지만 폭은 없어요.
선은 그려지는 모양에 따라 나뉘어요.

곡선 구불구불한 선

선분 두 점을 곧게 이은 선, 끝점이 있는 곧은 선

직선 선분을 양쪽으로 한없이 늘린 곧은 선, 끝점이 없는 곧은 선

면

선분으로 둘러싸여 있으며, 길이와 폭이 모두 있어요.

두 개의 직선으로 만들어지는 도형

각

한 점에서 출발한 두 직선으로 이루어진 도형이에요. 두 직선은 자유롭게 움직이면서 여러 가지 도형을 만들 수 있어요.
이때 두 직선을 '각의 변'이라고 하고, 두 직선이 만나는 점을 '각의 꼭짓점'이라고 해요.

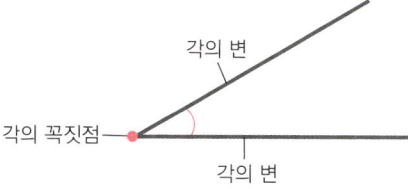

각의 변이 벌어진 정도가 바로 각의 크기, '각도'예요. 각의 크기를 비교하려면 꼭짓점과 한 변을 일치시킨 후 비교하면 되어요.

각은 변의 길이에 따라 달라지지 않아요. 변을 길게 늘려도 각은 똑같아요.

각도기

각도기는 각도를 재는 도구예요. 반달 모양의 각도기는 0~180°까지의 각도를 잴 수 있어요.

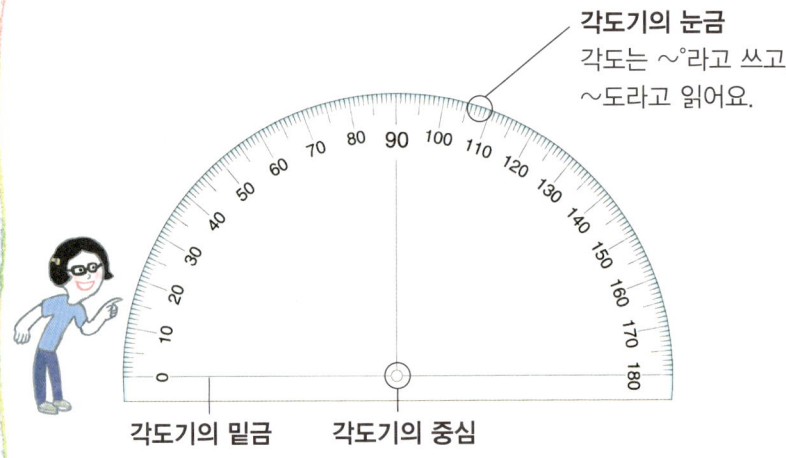

각도 재기

❶ 각도기의 중심을 각의 꼭짓점 ㄴ에 맞추어요.
❷ 각도기의 밑금을 각의 변 ㄴㄷ에 딱 겹쳐지도록 맞추어요.
❸ 변 ㄱㄴ이 만나는 눈금을 읽어요.

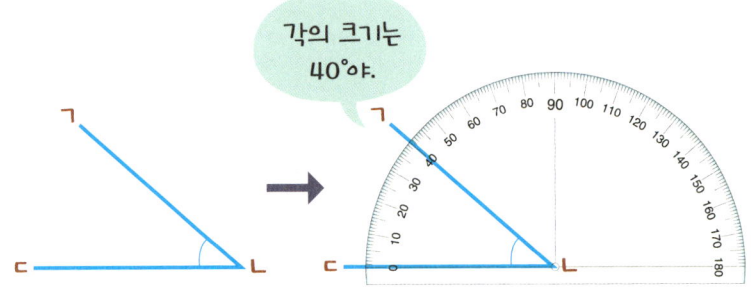

여러 가지 각

각도기에서 여러 가지 각을 알아보아요.

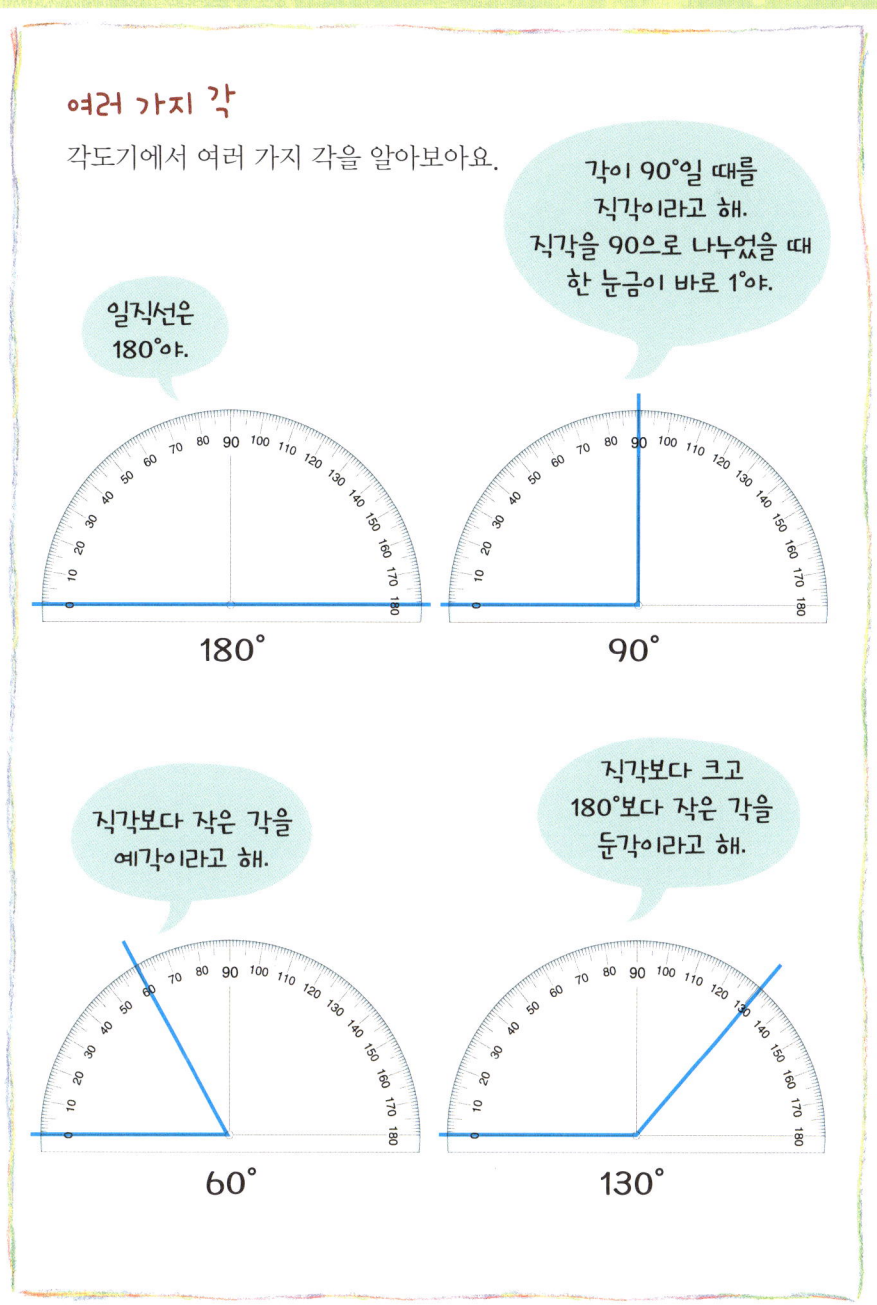

여러 가지 도형

다각형

세 개 이상의 선분으로 둘러싸인 도형이 바로 다각형이에요. 다각형은 몇 개의 선분으로 둘러싸여 있느냐에 따라 이름이 달라져요.

삼각형 세 개의 선분으로 둘러싸인 도형

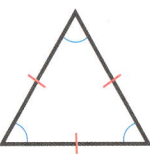
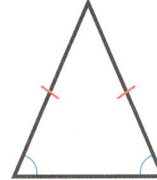
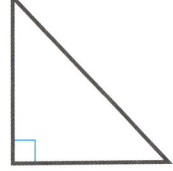

정삼각형
세 변의 길이와
세 각의 크기가
모두 같아요.

이등변 삼각형
두 변의 길이와
양쪽 각의 크기가
같아요.

직각 삼각형
세 각 가운데
한 각이
직각이에요.

사각형 네 개의 선분으로 둘러싸인 도형

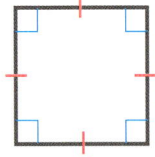
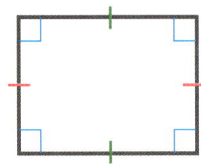
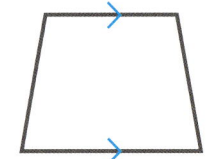

정사각형
네 각이 모두 직각이고,
네 변의 길이가 같아요.

직사각형
네 각이 모두 직각이고,
마주보는 변끼리 길이가
같아요.

사다리꼴
마주보는 한 쌍의 변만
나란히 평행이에요.

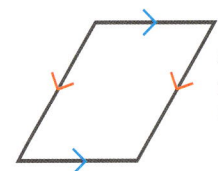
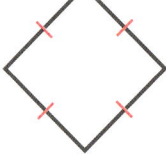

평행사변형
마주보는 두 쌍의 변이
나란히 평행이에요.

마름모
네 변의 길이가
모두 같아요.

오각형 다섯 개의 선분으로 둘러싸인 도형

육각형 여섯 개의 선분으로 둘러싸인 도형

문제·······················
다음 도형은 몇 개의 선분으로 둘러싸여 있나요?
선분의 개수를 세서 다각형의 이름을 붙여 보세요.

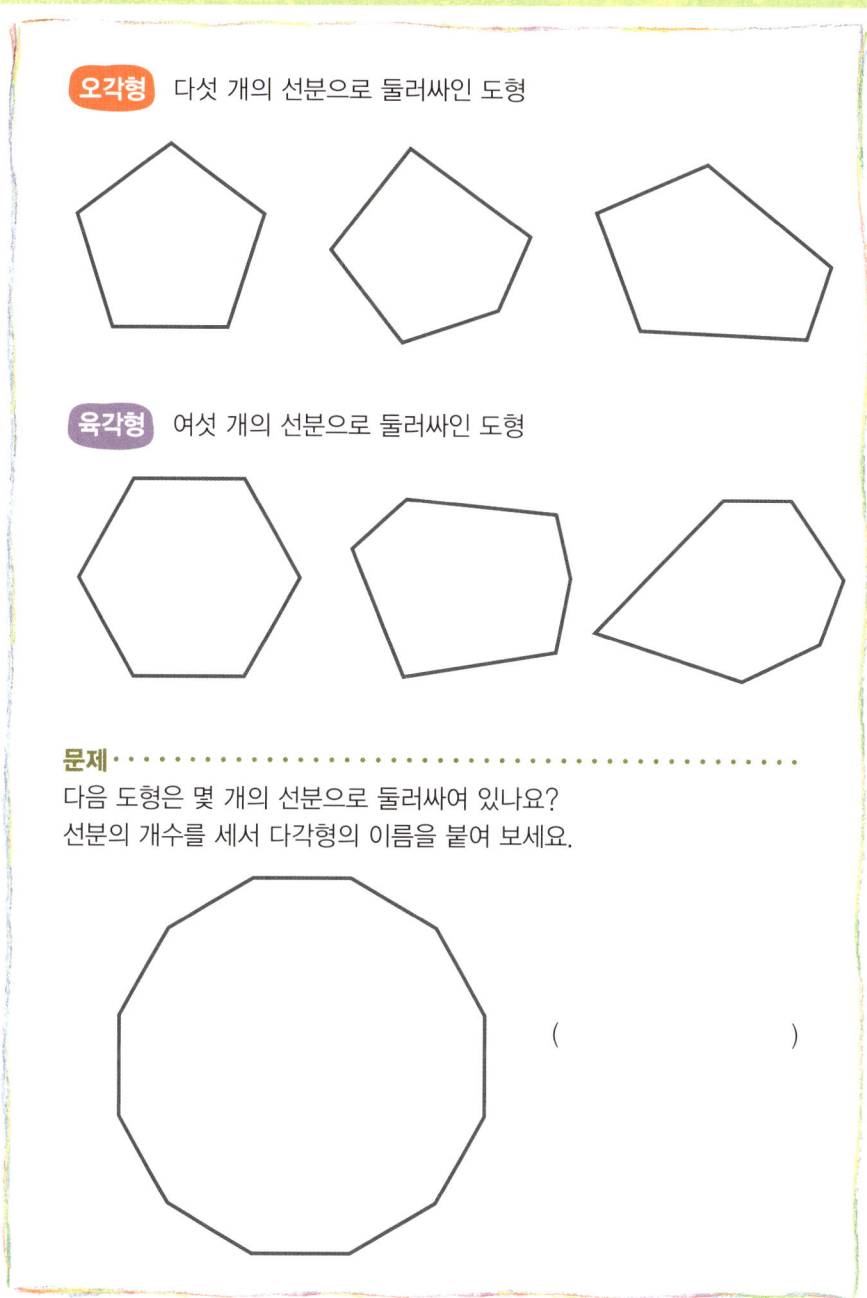

(   )

곡선 도형

원

다각형은 선분으로 둘러싸여 있어요.
다각형과 달리 곡선으로 둘러싸인 도형도 있어요.

원은 한 점으로부터 일정한 거리에 있는 점들이 모인
곡선으로 둘러싸인 도형으로, 동그란 모양이에요.

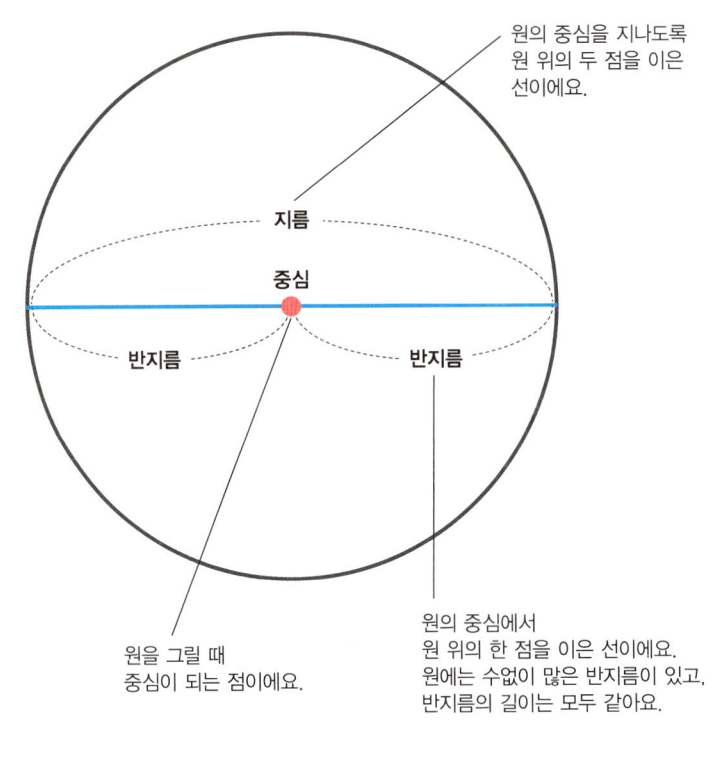

원의 지름

반지름 길이를 알면 지름의 길이를 구할 수 있어요.
원 지름의 길이는 반지름 길이의 두 배예요.

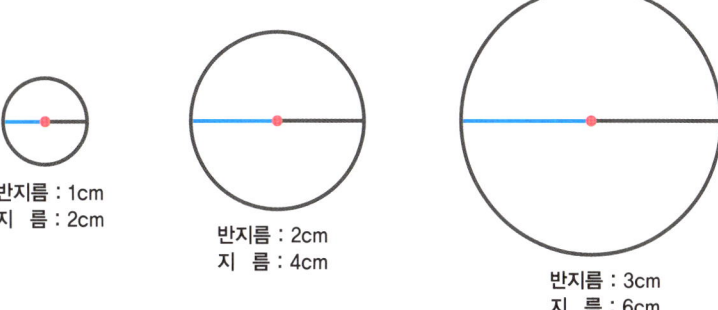

반지름 : 1cm
지 름 : 2cm

반지름 : 2cm
지 름 : 4cm

반지름 : 3cm
지 름 : 6cm

원의 지름 길이 = 원의 반지름 길이 × 2

지름은 원 위의 두 점을 잇는 가장 긴 선이에요. 원 위의 두 점을 이은 선을 여러 개 그려 보아요. 자를 이용해서 실제 길이를 재 보세요. 여러 선 가운데 원의 중점을 지나는 선, 곧 지름이 가장 길어요.

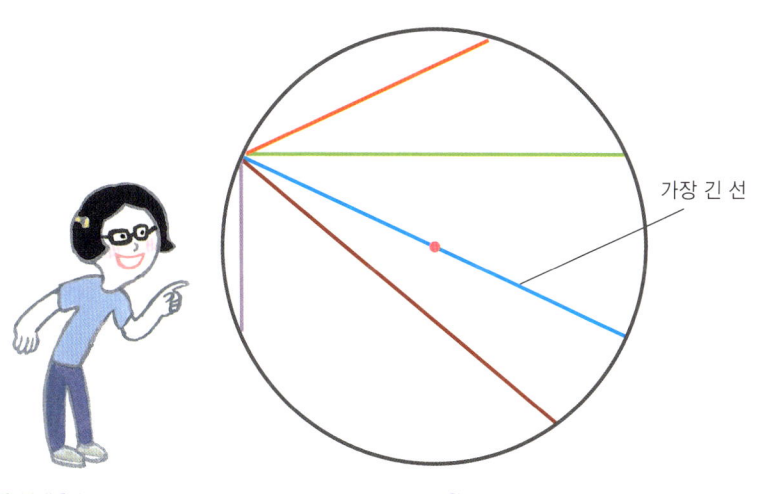

가장 긴 선

삼각형의 성질

삼각형의 변

세 개의 선분만 있으면 언제나 삼각형을 만들 수 있을까요?
아래 주어진 길이만큼 선분을 잘라서 삼각형을 만들어 보세요.
빨간색 선분은 삼각형을 만들 수 없지만,
파란색 선분은 삼각형을 만들 수 있어요.

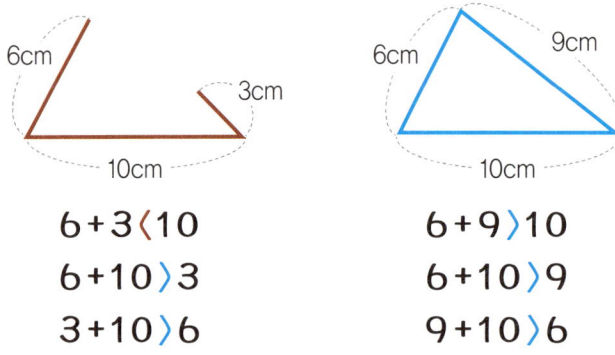

$6+3<10$ $6+9>10$
$6+10>3$ $6+10>9$
$3+10>6$ $9+10>6$

왜 그럴까요? 삼각형에서 한 변의 길이는 두 변의 길이를
더한 값보다 반드시 작아야 해요. 만약에 한 변이라도
그 값이 크거나 같다면 삼각형을 만들 수 없답니다.

문제 ・・・・・・・・・・・・・・・・・・・・・・・・・・・・
다음 선분의 길이를 보고, 삼각형을 만들 수 있는 것을 골라 보세요.

① 3cm, 7cm, 15cm   ② 5cm, 8cm, 10cm
③ 9cm, 9cm, 18cm   ④ 10cm, 7cm, 20cm

삼각형의 각

삼각형의 각들을 모두 더하면 얼마가 될까요?
다음의 방법으로 세 각의 합을 알아보아요.

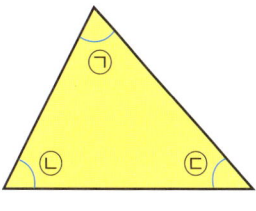

❶ 커다란 삼각형을 하나 그리고,
세 각을 ㉠, ㉡, ㉢으로 표시합니다.

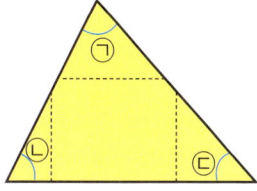

❷ 선을 그려서 세 각을 자릅니다.

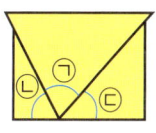

❸ 세 각이 한 점에서 만나도록 맞춥니다.

$$각㉠ + 각㉡ + 각㉢ = 180°$$

어때요? 삼각형 세 각을 모두 더하면 180°가 된다는 걸 알 수 있어요.

문제··
삼각형의 내각의 합이 180°라는 것을 이용하여, 다음 각을 구해 보세요.

1.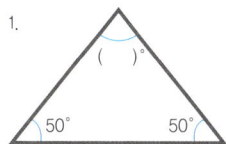

2.

103

다각형의 각

삼각형 내각의 합이 180°라는 것을 알면, 다각형 내각의 합을 구할 수 있어요.

사각형의 내각

사각형에서 대각선을 하나 그리면, 삼각형 두 개가 만들어져요. 삼각형 내각의 합이 각각 180°이므로, 사각형의 내각의 합은 360°가 되어요.

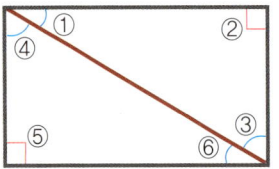

①+②+③=180°
④+⑤+⑥=180°
①+②+③+④+⑤+⑥=360°

오각형의 내각

오각형에서 대각선을 둘 그리면, 삼각형 세 개가 만들어져요. 삼각형 내각의 합은 각각 180°이므로, 오각형의 내각의 합은 540°가 되어요.

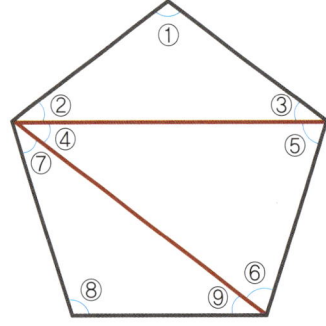

①+②+③=180°
④+⑤+⑥=180°
⑦+⑧+⑨=180°
①+②+③+④+⑤+⑥+⑦+⑧+⑨=540°

똑똑공부 정답

99쪽 문제 : 십이각형
102쪽 문제 : ②
103쪽 문제 : 1. 80° 2. 60°

감수자의 말

수학은 아주 오래전부터 발달해 온 학문으로, 우리가 살아가는 데 꼭 필요합니다. 그래서 고대 그리스 시대부터 현재까지, 아니 미래에도 학교에서 배워야 할 기본 교과입니다. 수학은 또한 모든 학문의 기초로서, 인류 문명이 생겨나고 발전하는 데 핵심적 역할을 담당해 왔습니다. 하지만 수학의 중요성에도 불구하고 안타깝게도 많은 학생들이 수학을 싫어하거나 수학 공부하는 걸 어려워하는 게 현실입니다.

많은 수학 교육 연구자나 수학자들은 아이들이 수학에 좀 더 흥미를 갖고, 보다 쉽게 학습할 수 있도록 다양한 연구를 해 오고 있습니다. 특히, 초등학교 시기에는 추상적인 수학 내용을 효과적으로 가르치는 방법으로 구체적 조작물이나 상황을 활용하는 것이 바람직하다는 생각이 일반적으로 받아들여지고 있습니다.

이 책 〈피타고라스, 수의 세계를 열다〉에서는 이와 같은

초등 수학 교육의 의도를 살려 스토리텔링 기법을 도입하여 내용을 전개하고 있습니다. 스토리텔링 기법을 도입한 기존의 책들을 살펴보면, 억지로 설정한 이야기 속에 단편적인 내용들을 산발적으로 끼워 넣는 것에 그치는 경우가 많았습니다. 하지만 이 책은 피타고라스의 삶을 깊이 있게 조명하면서 삶에서 구현된 수학적 개념을 상세히 집어내고 있습니다.

내용 전개의 큰 틀은 수학 선생님인 엄마가 말썽꾸러기 남매를 피타고라스의 수학 세계로 인도하는 방식입니다. 자칫 재미에 치우쳐 수학 내용의 깊이와 체계를 잃기 쉬운데, 저자는 특유의 재치와 통찰로 딱딱하고 어려운 내용을 단계적으로 알기 쉽게 설명하고 있습니다.

이 책을 읽다 보면 어느덧 수학과 관련된 책을 읽는다는 것도 잊고, '수학도 재미있는 한 편의 이야기가 될 수 있다.'는 느낌을 부모나 아이 모두 가질 수 있습니다. 이러한 책이 나오게 되어 수학 교육에 종사하는 한 사람으로서 기쁘게 생각하며 추천하는 바입니다.

서울교육대학교 교수 백석윤

피타고라스, 수의 세계를 열다 우수과학도서 선정, 전국학교도서관협회 추천

펴낸날 초판 1쇄 2018년 1월 5일 | 초판 4쇄 2022년 10월 18일

글 안지은 | **그림** 이광익 | **감수** 백석윤
편집 김난지 | **디자인** 손미선 | **홍보마케팅** 배현석 송수현 이상원 | **관리** 최지은 이민종
펴낸이 최진 | **펴낸곳** 천개의바람 | **등록** 제406-2011-000013호 | **주소** 서울시 영등포구 양평로 157, 1406호
전화 02-6953-5243(영업), 070-4837-0995(편집) | **팩스** 031-622-9413 | **사진** wikimedia

ⓒ안지은·이광익, 2018 | ISBN 979-11-87287-68-1 73410

* 이 책은 저작권법에 따라 보호받는 저작물이므로 무단전재와 무단복제를 금지하며,
  이 책 내용의 전부 또는 일부를 이용하려면 반드시 저작권자와 천개의바람의 서면 동의를 받아야 합니다.

* 이 도서의 국립중앙도서관 출판시도서목록(CIP)은 서지정보유통지원시스템 홈페이지(http://seoji.nl.go.kr)와
  국가자료공동목록시스템(http://www.nl.go.kr/kolisnet)에서 이용하실 수 있습니다.(CIP 제어번호 : CIP 2017034409)

* 잘못 만든 책은 구입하신 서점에서 바꾸어 드립니다. 천개의바람은 환경을 위해 콩기름 잉크를 사용합니다.
* 종이에 베이거나 긁히지 않도록 조심하세요. 책 모서리가 날카로우니 던지거나 떨어뜨리지 마세요.

제조자 천개의바람 **제조국** 대한민국 **사용연령** 10세 이상